臻美文化

——我的教育追求

谭洪波　编著

黑龙江人民出版社

图书在版编目（CIP）数据

　　臻美文化：我的教育追求 / 谭洪波编著 .— 哈尔滨：黑龙江人民出版社，2021.8（2023.1重印）

　　ISBN 978-7-207-12542-2

　　Ⅰ.①臻…　Ⅱ.①谭…　Ⅲ.①基础教育 — 研究 — 中国　Ⅳ.① G639.2

　　中国版本图书馆 CIP 数据核字（2021）第 175875 号

责任编辑：李　珊
封面设计：佟玉玉

臻美文化
——我的教育追求

谭洪波　编著

出版发行	黑龙江人民出版社
地　　址	哈尔滨市南岗区宣庆小区 1 号楼
邮　　编	150008
网　　址	www.longpress.com
电子邮箱	hljrmcbs@yeah.net
印　　刷	北京一鑫印务有限责任公司
开　　本	787 mm×1092 mm　1/32
印　　张	5.5
字　　数	150 千字
版　　次	2021 年 8 月第 1 版
印　　次	2023 年 1 月第 2 次印刷
书　　号	ISBN 978-7-207-12542-2
定　　价	48.00 元

目录
CONTENTS

教师感悟篇

臻美文化育英才　砥砺奋进谱华章

　　香坊小学校是一所有着 70 余年历史，以"悠远厚重、创新传承"为标志的老牌学校。目前，全校共有 28 个教学班，学生 1 200 余人，教职员工 80 余人。多年以来，我校风雨兼程，砥砺前行，一直秉持以"臻美"立校，坚持将"立教育之本真，塑人格之善美，为培养全面发展的高素质人才奠基"作为我们的办学目标。学校在丰富多彩的活动中培育臻美学子、修养臻美教师、锻炼臻美班级、建设臻美校园。

开展社会实践活动——培养"视野美"

　　为了引导学生了解历史、热爱自然、培养爱国情操，我们带学生参观省博物馆、森林博物馆、烈士陵园、萧红纪念馆、东北抗联博物馆等教育基地。通过这些活动的开展，学生拓展了视野、丰富了知识，加深了与自然和文化的亲近感，增加了对集体生活方式和社会公共道德的体验，提升了学生的自理能力、创新精神和实践能力。

开展校园文化活动——培养"艺术美"

　　组织参加艺术类比赛，增加锻炼展示机会；高雅艺术表演进校园，提升艺术鉴赏品位。举行"校园艺术节""趣味运动会""校园读书节""井盖彩绘节"等，旨在引导学生提高感受美、表现美、鉴赏美、创造美的能力。

开展善举爱心活动——培养"行为美"

引导学生做自己的小主人，做阳光少年。通过学雷锋做好事、爱心背书客活动、"易出莲花"爱心义卖等活动，引导学生做善良的事，关心弱势群体有爱心。教育学生无论对事、对人，都以善待之。在具体行动中践行美德，感知"行为美"。

开展运动健康活动——培养"活动美"

运动、健康是学校教育活动的重要组成部分。学校开展了丰富多彩的体育运动。组织运动会、组织课间体育活动、开展专项运动项目等，目的是通过体育运动的组织和开展，增强学生自信心，激发学生热爱运动的情感。为进一步提高学校师生的安全意识，完善校园安全防控体系，提高面对突发事件的应急处理能力，学校多次举办火灾安全疏散演练、反恐防爆安全演练等大型演练活动。

香坊小学校在全体"香一"人的共同努力下，必能沧桑砺洗几十载，致知于行永向前。臻美文化育英才，砥砺奋进谱华章。

（谭洪波）

教育教学 篇

——臻美教育

臻美问道　打造新时代臻美教育

　　将德育工作作为我们工作突破的切入点，将臻美文化元素植入德育工作，全力架构新时代臻美德育工作框架。在建设臻美校园、锻炼臻美班级、组织臻美活动、研发臻美课程、修养臻美教师、培育臻美学子等方面进行深入的探索与践行，下面我从思考、践行、成效3个维度向各位领导进行汇报。

一、问道——问渠那得清如许

1. 深思

　　结合本校实际，从立德树人的角度我们深入思考学校办学理念、思路、方向等。群策群力深入调研，我们认为新时代小学基础教育应该顺应生命自然，保护个性；追求大爱、大善、大真、大美、大道的教育。至善方能至美。求真、至善、臻于美方是教育的终极追求。因此，香坊小学校崇尚的教育理念：道法自然，至善臻美。

2. 定向

　　在此基础上我们陆续确立了——

教育理想：儒雅教师，风华学子；优长特色，魅力校园（老师本是读书人！学生应该是文化人！）。

办学理念：立教育之本真、塑人格之善美，为培养全面发展的高素质人才奠基。

管理信念：成人臻美（促进成就梦想，成人之美）。

办学目标：彰显特色优势，提高教育质量，创一流品牌学校。

办学特色：求真至善臻于美。

办学风格：臻美问道（臻方法途径美至高的境界问一种态度道本源）。

办学策略：立足特色优长，开发校本课程；

臻美育人立品，架构多元载体；

拉深项目主题，提升教师素养；

课堂深度转型，提高教育质量。

校风：求真、至善、臻美。

教风：修内功、养儒雅，做臻美教师。

学风：严谨求真，活泼向上，做臻美学子。

校训：做真人、行善举、尚美德。

3. 求索

我们追求臻美教育，按照臻美问道求索路径——

臻美之根——培育臻美学子；

臻美之基——修养臻美教师；

臻美之标——锻炼臻美班级；

臻美之策——营创臻美课堂；

臻美之法——研发臻美课程；

臻美之径——组织臻美活动；

臻美之髓——打造臻美研修；

臻美之境——建设臻美校园；

臻美之核——凝练臻美文化；

臻美之道——成就臻美教育。

德育工作是学校工作的重中之重，下面我就德育工作的一些特色、亮点工作向大家进行汇报。

二、问途——长风破浪会有时

美的事物是永恒的喜悦！

生活中从不缺少美，而是缺少发现美的眼睛。

（一）建设臻美校园——要有发现美的土壤

1. 校园——桃李无言

我们让臻美文化元素渗透到校园文化建设的每一个细节。一块书写着"读书明理"的泰山石稳坐在校门口的草坪中，让学生直观感受到严谨的校风和学风。操场四周、花坛、教学楼内，绿意盎然，让人身心愉悦 。充分利用现有教学楼的楼道走廊的廊壁，营造文化氛围。每个楼层分主题进行布置，呈现了学校办学理念、校风校训、师德师风、校本研修、课程建设、学生风采、艺体活动等，并将学生日常活动的照片、作品进行展示。

2. 班级——润物无声

制定标准评选"臻美班级"，促进班级文化建设。完善"教室十有"，增强环境育人功能；建立"臻美"班风、班训，以学年为单位分类命名的班级标志，如：以动物、植物、理想、信念等，培养学生具有集体观念、大局意识、关爱他人、懂得包容、榜样引领、乐观取进、热爱运动、积极向上等优秀的品质。

通过雅致、生机、灵动的"臻美"校园环境文化建设，向学生传递文雅高致的情怀格调，让优美宁静的"臻美"文化因素在校园中得以呈现。

（二）研发臻美课程——要有缔造美的内涵

学校实施"课程化"策略来破解德育工作难题，努力提升德育课程研发内涵品质。几年来，我们陆续研发了以下系列德育课程：

1. 学科类

强化学科与德育工作的结合。制定"臻美课堂"标准，充分发挥课堂育人功能。学校组织学科教师在备课过程中深入挖掘语文、数学、英语、思品、综合实践、传统文化和音体美等学科中蕴含的德育元素，在课堂教学中渗透德育内容。

2. 常规类

开展系列化常规德育活动，将其纳入课程化管理。每周一次的"臻美班级"评比、每周一次的"国旗下讲话"、每周一次的班校会、每学年两次的安全法治报告会、每学年一次的心理健康文化周都是每个学生必须参与的学校常规性活动。学校建立了比较规范的活动机制，按照课程的标准架构实施。

3. 社团类

学校以研发"臻美"课程为着眼点，基于学生核心素养和潜能开发，充分挖掘本校教师资源，并调动社会各界力量，结合学校"让学生喜欢的学科"项目的深入探究与实践，确立了六大类社团活动：传统文化（包括：京剧、书法、古诗词积累、情景表演、课本剧等）、科技创新（机器人、航模、电脑技术等）、益智拓展（思维训练、纸雕、陶泥、创意美术等）、艺术风采（合唱、舞蹈、口风琴、绘画、快乐英语等）、运动技巧（轮滑、足球、跳绳、羽毛球等）、巧手实践（绢花、编织、纸飞机等）。共 35 个社团。

4. 讲读类

讲读类课程的开发是以"让孩子们多读书，读好书"为目标。将 "读美文，品书香"作为学校的特色工作之一，以此丰富学生的文学素养，增加经典诗词的积累，拓展美文欣赏，体会文学的精美。包括4个方面内容：

（1）读写沙龙。其中包括儿童文学社的系列活动和经典阅读课外阅读课。

（2）臻美讲堂。每周三开展臻美讲堂课程，由优秀的语文教师带领学生诵读剖析古文、古诗，增加学生对经典诗词的积累，拓展美文欣赏。

（3）吟古颂今。设立每周一为诵读日，带领学生复习、重温臻美讲堂古文内容，加深学生记忆，让学生对文字有更深入的理解，体会文学的精美。

（4）沐浴经典。结合校本课程，开展论语、三字经内容品鉴。积极引导学生诵读经典，接受5 000年文化的熏陶，为学生"知礼仪、识交往、明孝悌、通学识"打下了良好的基础。

5. 研学类

"研学"是新兴有效的教育策略。旨在通过研学旅行的方式开展研究性学习和校外教育活动，把研学基地作为课堂的延伸。

为此，学校根据学生年龄特点和各学科教学内容需要，组织学生通过集体旅行的方式走出校园——参观博物馆、森林博物馆、防震馆、抗联博物馆等；我们设计了研学旅行手册——《寻美之旅——行走的课堂》，通过研学手册指导学生如何带着问题"走出去"，把知识"带回来"。让学生在行走中学习，在活动中成长。

（三）组织臻美活动——要有锻炼美的平台

1. 开展社会实践活动——培养"视野美"

为了引导学生了解历史、热爱自然、培养爱国情操，我们带学生参观省博物馆、森林博物馆、烈士陵园、萧红纪念馆、东北抗联博物馆等教育基地。通过这些活动的开展，学生拓展了视野、丰富了知识，加深了与自然和文化的亲近感，增加了对集体生活方式和社会公共道德的体验，提升了学生的自理能力、创新精神和实践能力。

2. 开展校园文化活动——培养"艺术美"

组织参加艺术类比赛，增加锻炼展示机会；高雅艺术表演进校园，提升艺术鉴赏品位。举行"校园艺术节""趣味运动会""校园读书节""井盖彩绘节"等，旨在引导学生提高感受美、表现美、鉴赏美、创造美的能力。

3. 开展善举爱心活动——培养"行为美"

引导学生做自己的小主人、做阳光少年。通过学雷锋做好事、爱心背书客活动、"易出莲花"爱心义卖等活动，引导学生做善良的事，关心弱势群体有爱心。教育学生无论对事、对人，都以善待之。在具体行动中践行美德，感知"行为美"。

4. 开展运动健康活动——培养"活动美"

运动、健康是学校教育活动的重要组成部分。学校开展了丰富多彩的体育运动。组织运动会、组织课间体育活动、开展专项运动项目等，目的是通过体育运动的组织和开展，增强学生自信心，激发学生热爱运动的情感。为进一步提高学校师生的安全意识，完善校园安全防控体系，提高面对突发事件的应急处理能力，学校多次举办火灾安全疏散演练、反恐防爆安全演练等大型演练活动。

（四）修养臻美教师——要有唤醒美的基石

学校始终坚持"学高为师 身正为范"理念，不断加强师德师风建设，着力发挥党员教师、四有好老师、名优班主任的先锋模范作用。组织全体教师认真学习上级部门会议有关文件精神，密切关注前沿教育政策，并在活动中对照标准开展自评、互评、查摆问题、发现问题及时改进，确保学习教育的实效性。学校建立健全科学完善、管理有力的规章制度，坚决践行"零择校""零择班""零择位""零指定"的"四零承诺"，让管理和服务在阳光下运行，线上线下设立校长信箱，主动接受群众和社会监督，最大限度提升学校服务学生的能力和水平，创设良好、健康、和谐的教育生态环境。

以李清为代表的班主任工作室，紧紧围绕"构建学生核心素养，实施家庭教育活动、校园活动和社会实践活动课程体系的研究"这个总课题，深入开展年级、班级特色文化建设。在他们的感召引领带动下，我校优秀的班主任群体逐步形成。5个班级获得了香坊区"徐特立优秀班集体"光荣称号，两位教师获得"孺子牛优秀教师"光荣称号，"应大杯"最美园丁关秀春等，突显了班主任这个优秀集体的新高度。

（五）培育臻美学子——要有成就美的标度

学生的管理与教育是学校工作的永恒主题。新时代、新形势、新问题、新任务都是我们德育工作无可回避的话题。学校从小处着眼、细节入手，加强对学生值周的管理和培训，认真做好对学生的仪表仪容、文明习惯、楼内外秩序等情况的检查工作。利用晨会、小蜜蜂电视台形成强化教育。每天值周教师对学生课间纪律进行巡视，促进了学校良好的秩序和风气的形成。

为了将美的文化基因植入学生的心田，促进学生的全面和谐发展，提升学生道德修养，培养其求真、向善、臻美的良好品质，学校从以下几方面对学生进行培育：

1. 爱心臻美学子：文明儒雅，诚实守信；严于律己、乐于助人。
2. 孝亲臻美学子：孝敬父母，尊重师长；热爱劳动，勤俭朴素。
3. 自强臻美学子：珍爱生命，自尊自爱；乐观向上，自强不息。
4. 勤学臻美学子：善学好思，勇于探究；崇尚科学，善于创新。
5. 才艺臻美学子：兴趣广泛，特色鲜明；强健体魄，身心健康。

礼仪教育是学校的德育工作重点，学校每学期利用"开学第一课"对学生的行为习惯作出要求，加强学生文明礼仪规范教育；利用小国学讲堂及臻美课程培养学生文明礼貌的习惯，传承中华民族的美德，深入贯彻臻美教育理念；通过升旗、观看录像、宣传学校独创的"文明五字歌"等一系列活动，固化对学生文明管理要求；利用电视台、广播室、文学社作为宣传渠道，宣传党的教育方针、学校的办学理念，展示学生各方面的才华。以此创设厚重的文化氛围，影响学生及其审美感受，让全校师生得到了美的享受和陶冶。

三、问效——梅花香自苦寒来

在全体"香一"人的共同努力下，学校先后荣获了全国巾帼文明岗、全国创新教育先进集体、全国尝试教学先进示范实验学校、全国心理健康教育先进学校、黑龙江省一类示范学校、黑龙江省双全学校、黑龙江省校园文化示范学校、黑龙江省校长培训基地、市校本研修示范校、市文明校园标兵、市环境友好学校、区政府颁发的贡献奖、区德育工作先进集体、区教师阅读活动先进集体、区特色学校创建先进集体、区关心下一代先进集体标兵、区运动会团体总分第一名、区队列广播操第二名、区运动会道德风尚奖、区艺术节最佳组织奖、区口腔病防治先进集体等荣誉。

路漫漫其修远兮，吾将上下而求索！

过往的成绩代表了我们汗水的回报，但不是我们的未来，它应该是我们努力探究完善的序幕！

我们深知：臻美问道，香坊小学仍然在路上！

我们更应努力——

让臻美文化洋溢在教育的每一个细节！

让每一名师生沐浴着臻美教育的馨香！

让臻美德育之花绽放在校园每一个角落！

臻美问道，我们仍需更进一步！

最后，再次感谢区领导和同人莅临我校检查指导，对我校的发展出谋划策，提出您的宝贵意见和建议！

（谭洪波）

臻"细"管理 臻"实"研修

　　哈尔滨市香坊小学校 1947 年建校，多年来，学校始终践行"立教育之本真、塑人格之善美，为培养全面发展的高素质人才奠基"的办学理念，确定了"至善臻美、顺应生命自然、保护个性、追求大爱、大善、大真、大美"的教育理念，引领每一个学生自主、愉悦、多元发展，成为具有"臻美特质"的学子，使我校教育展现"臻美文化"的独特魅力，闪耀"臻美教育"的个性品质。

　　近一年来，我校经过不断探索实践总结、反思、提炼，逐步形成了教学常规管理模式，逐渐摸索出行之有效的课堂教学模式"1+5+X"，完善团队主题校本研修的模式"1+3+X"为"1+5+X"，构建数学、语文、综合 3 个学习共同体，打造以李清、黎孟晋为代表的两个名师工作室，以此带动学科教师整体发展，全面提升教师的教研能力和科研能力。充分发挥教师自身优势，开发特色鲜明的臻美课程。在区进修学校的正确指导下，学校获得市教研院教师岗位培训部认定的"市级校本研修项目示范基地校"的光荣称号并授牌。

　　下面，就我校常规管理、研修模式、课堂模式、校本课程的开展情况向各位领导和专家作以汇报。

学校工作立足于"新"，着眼于"细"，紧紧围绕"实"字做文章。

一、臻"细"管理，小处着眼

把管理做细，把常规做精、把细节抓严、把过程抓实、小事成就大事，细节成就完美。我校常规按照"1+5+X"管理模式将工作精细化，做到"三规范、五抓、六'为'"。

（一）三规范

每学期，学校都会通过组织教师学习《香坊小学教学常规管理制度》，进而明确并强化常规管理中的"三规范"。（1）规范教师教学常规工作行为。每名教师都要明确自己该做什么，什么时候做，怎么做好？（2）规范课程管理。学校按照国家课程计划开课，统一编排课程表，教师严格按课程表上课，不得擅自停课、调课、代课，教师遇事请假，需按程序向教导处提出调课申请，由教导处做好记录并通知代课教师，需补课的要在一周内把课补齐。（3）规范教学过程管理。开学初教研组要研磨教材，要制订同学年或同学段教学计划、学期末教师要进行教学总结，整个学期的教学过程中要认真落实《香坊小学教学常规管理制度》中有关备课（编写教案）、上课、作业布置与批改、课外辅导等相关规定。学校在教学常规管理中，从教学过程的每个细节、每件小事抓起，力求做到细致、扎实。

（二）五抓

1.抓备课

要求教师依据课标备课，做到教与学的双向设计、注重方法、突出过程。必须做到"三个五"： "五备"即备课标、备教材、备学生、备策略、备学法。"五落实"即落实课程标准、落实学科核心素养、落实 1+5+X 模式、落实信息与学科融合、落实我校的集体备课要求。采用"五种常态模式"，即错位备课、主题备课、反思备课、研学备课、解读备课。关注"六对话"，即独立思考与文本对话、信息分享与专家对话、问题提炼与自我对话、问题设计与学生对话、环节确定与群体对话、反思提升与达成对话。

2. 抓上课

从点滴抓起，教师仪表、教态，教学设计、课堂教学策略的运用，作业、学生学习状态及学生评价的每个细节都有具体的要求。要求教师必须树立 5 个意识，即目标、主体、训练、情感、效率等意识。努力做到课堂的"一、二、五"： "一个中心"——以学生为中心，构建生本课堂；"两个基本点"——方法活一点、策略高效点；"五个精心"——精心钻研教材，精心设计教学环节，精心设计板书，精心设计提问和教具、课件，精心设计练习和作业。学校采取"任务查课""推门查课""抽签查课"等形式，通过听课、当堂教案检查、评课指导、跟踪问效等方法，力争堂堂出好课。

3. 抓检查

（1）时间检查：每天上、下午各 1 次检查，教师是否按照课程表上课，是否带着教案上课，督促教师形成习惯。

（2）状态检查：做到教导处巡课领导每天全方位检查教师、学生的上课状态，每次检查都做好登记，及时反馈问题，跟踪整改。

（3）备课检查：做到班子成员深入学年参加集体备课并指导。

（4）常规检查：学校常规检查采用三级管理，重点检查"七常规":备、教、批、辅、改、考、思,学年组长把控学年教案的设计,教导处每月25日进行常规检查,逢周六、日避开。检查后具体内容反馈到班、到科,个别情况及时和教师沟通,并作为教师评优、晋级和绩效考核的重要依据。校长对教师的教案实行抽查, 关注检查出来的问题是否整改。

（5）考核检查:做到考试规范管理。教务处统一组织1次期末考试,做好考前准备工作,抓好考风考纪,进行质量分析评价。

4. 抓质量

学校领导蹲点包班,深入各年级,做好教学各环节工作,特别是对毕业班,学校召开成绩分析会,帮助教师查找教学中的不足,并提出改进措施。作为一年级起点学年,学校关注零起点教学,严格按照进度,关注学生生长规律,开展扎实有效的教学,这样才有利于学生的发展。

5. 抓评价

抓出勤考核评价。每月对教师出勤情况进行1次统计,其结果与教师的绩效工资挂钩。对每学期满勤的教师给予认可和奖励。

抓常规工作评价。每月对计划、总结、教案、作业批改,临时上交的材料、数据等工作的完成情况进行登记、评定,将资料收集装订成册,作为绩效工资发放依据。每月1次的教学常规反馈大会树立典范,让其他教师有学习和效仿的典范,大力弘扬正气,使教师明确自身的责任感和使命感。

抓考试成绩评价。教务处统一汇总各年级期末统考成绩。对于成绩突出者,学校颁发奖励证书以兹鼓励。

（三）六"为"

学校教学常规管理六个"为", 即制度为细、考核为严、跟踪为要、过程为实、奖励为度、特色为新。

二、臻"实"研修，全员参与

（一）全员参与，探索研修模式

学校经过几年的不断探索，在校本研修方面已经初步形成了具有自身特色的研修体系，确立了"1+3+X"团队主题校本研修的模式，并在区进修学校师训部的正确指导下，获得市教研院教师岗位培训部认定的"市级校本研修项目示范基地校"的光荣称号。

近一年来，随着研修内容和形式的不断充实、深化，对原有"1+3+X"校本研修主题进行了调整与完善，最终确立为"1+5+X"主题校本研修模式。"1"为围绕一个理念即"立教育之本真，塑人格之善美，为培养全面发展的高素质人才奠基"；"5"包括："3"为学校3个学习共同体，"2"为学校数学、语文名师工作室；"X"为丰富多彩、形式多样的校本研修活动。

学校3个学习共同体分别是"香远溢清"语文学科团队、"方圆之间"数学学科团队和"蜂鸟联盟"综合学科团队，基本涵盖了我校所有教师。教师平均年龄为41岁，高级教师18人，一级教师54人，共计72人，校本研修全员参与。切实争取让每位教师在研修活动中都有收获，都能成长，我们的口号是：一个都不能少。

（二）团队模式，提升专业能力

1."香远溢清"语文团队

"香远溢清"语文团队成立于2010年，曾获得"哈尔滨市学习型团队"的光荣称号。现有团队成员18人，其中，市级学科带头人3人，市级骨干教师8人，区级骨干6人。团队自成立以来，以问题为动力，以课题为载体，深化课堂和教学改革为主题，以各年级阅读教学为依托，从阅读教学的策略研究入手，扎实有效地开展语文学科教学研究，深入挖掘阅读文本、凝练方法、总结策略、勇于实践，目前已大致形成一套行之有效的10余种阅读教学策略，并在教学实践中进行打磨。还有丰富的语文课的内容与课型，读书活动，班级读书会的授课及推广，小国学讲坛的讲授等等。经过不断的锤炼、提高，语文团队培养了一批素质较高，业务精良的语文教师，上学期又成立了以李清老师为代表的李清语文名师工作室，吸引了语文学科的教师踊跃参加，研究主题明确，真正发挥了骨干教师的特长。在她们的引领下，大大提高了学校语文教师教学水平。"与课改同行，创品牌团队"这是香坊小学语文团队永远的追求，香坊小学语文团队正在扬帆远航。

2."方圆之间"数学团队

"方圆之间"数学团队同样成立于2010年，也曾获得"哈尔滨市学习型团队"的光荣称号。现有团队成员14人，其中，市级学科带头人2人，市级骨干教师6人，区级骨干教师6人。团队的培训活动由菜单式专题讲座到示范课引领，从文本的研究到课例的打磨，从开展活动前的意见征求到活动结束后的反馈和评价等，数学团队曾研究的题目有：从课堂的有效提问入手，实施问题驱动式的教学策略，充分发挥教师主导作用，让学生能够自我探索数学知识的奥秘……团队成员不断加强自身建设，以实际行动率先垂范，通过观议课、论坛研讨等方式，精心设计问题，着力打磨课堂语言，把数学课的严谨性充分地发挥出来，使学生受益，使研究成为团队前进的方向。本学期李晶老师代表学校参加了市级的烛光杯大赛，课堂展示受到教研员的好评。

3."蜂鸟联盟"综合学科团队

"蜂鸟联盟"综合学科团队成立于 2014 年 3 月，现有团队成员 37 人，其中，市级骨干教师 4 人，区级骨干教师 9 人。"蜂鸟联盟"以我校办学理念为依托，以课程改革为核心，以课堂教学为主阵地，从学校教育教学管理入手，着眼教师的专业成长，确立新的起跑线，不断地实现创新，进而推进香坊小学小课题的深入研究，促进学校团队工作再上新台阶。

"蜂鸟联盟"综合学科团队成员，校本课程开发的过程中，彰显了自身的实力，开发了 6 大类、39 门适合学校办学特色的校本课程。综合学科团队中的教师们充分发挥自己多才多艺的特点，富有勇于创新、勇于探索、勇于实践的精神，为学生开设了益智类、体育类、实践类、艺术类等共 39 门选修课程，极大地丰富了学生的见闻和课余生活，强化了学生的各项技能，体现了学校针对学生核心素养培养的终极目标和办学思想。这些以综合学科团队教师为主力的活动类校本课程已经经过时间的考验粗见成果，收到了良好的效果，得到了学生、家长及社会的认可。

团队研修中，教师确立了终身学习的目标，立足长远，学习与研究兼顾，实现"读"中研，"思"中学，观念转变，能力提升。

（1）"细节成就完美"——读书濡化教师灵魂

在区进修学校的带领下，几年来，针对教师的教育和教学工作需要，我校格外重视教师读书，并将读书活动纳入学校常规管理。学校每个学期都会为教师购买教育论著、专业知识方面的书籍，使教师能够从中不断提高自身的理论功底、了解教改动态、学习新的教育方法、增强教学的本领。在自读的基础上，学校定期组织全体教师开展读书交流活动，即"聊书"活动，让全体教师在轻松、愉悦的氛围中将自己所读、所感、所思和同行们一起分享、交流。使教师们能够在阅读中学习和解惑，并引导教师加强对学生阅读方法的指导。如今，"香一"的孩子们，每月阅读2本书，一学期共8本书，孩子们的阅读兴趣极其浓厚。读书汇报、交流，臻美讲堂，师生齐诵、齐背中华经典，受到了文化的滋养和熏陶，提高了育人水平和工作效率。

通过教师读书活动的开展，有效地促进了教师专业的发展，提高了教师的科研能力。学校还先后开展了教师读书笔记展评、开辟了读书心得体会专栏、举行了读书演讲比赛、读书交流会等活动。这极大地提升了教师们的自身素质。在知识的海洋中遨游，教师们可以感受教育大师的风范，领悟素质教育的真谛，提高文化知识素养，增强教育管理水平，对科学研究的认识越来越深入，课题研究的水平逐步提高。同时，也促进了学校教育教学改革的不断深入。

立身以立学为先，立学以读书为本。如今，香坊小学的师生及家长们都越来越感受到阅读带来的快乐和帮助。我们相信：人生乐趣在读书，有书为伴心甘甜。读好书，能知晓人生之难，体味天地之大，寂寞而不孤，受苦而不悲，受创而不馁，受宠而不惊，能使人达到一种雍容雅怡、潇洒达观的境界。

（2）教科研的提纯与结晶——深入开展课题研究

为使教学科研稳步、扎实、有效地开展工作，并逐步使工作制度化、规范化，使教科研工作充满生机和活力，学校将课题研究工作同时纳入常规管理，让科研与教研工作相交叉，做到科研中有教研，教研中有科研，使科研工作落到实处。通过定期召开会议，学习教育理论，关注教改热点，收集先进的教科研信息，努力使教科研的过程成为转变教学理念、改进教学方法的过程，以此带动教师积极参与教学科研。

我校教师参与了多个省、市级课题，如《小学课堂有效教学策略的研究——构建生命化课堂》《中华国学经典课程与学生发展核心素养研究》，并在区教研部门的帮助下确立了多个学科小课题。老师能抓住课题研究的契机，积极参与课题研究，关注平时教育教学实践中的困惑，从困惑中发现问题，从问题中形成策略，做好学校各课题材料收集工作。各课题组成员进一步明确课题任务分工，各司其职，相互合作，力争将日常点点滴滴的收获都在成果中得到体现与提炼。为有效保证课题研究规范有序进行，各课题组期初确定本学期的课题研究计划，确定本学期的研究主要内容；期中做好过程性材料的收集和上传工作；期末写好阶段总结。

（3）笔耕不辍——教师反思常态化

教学反思是教师提升教育教学能力最直接有效的手段，此项内容也是学校常规管理考核之一。学校在让教师进行每天的常规课后反思之外，还要求教师对自己1个月来的教育教学工作进行月反思。可以记录这一个月来教学方面的收获，也可以抓住教学工作中的一件小事进行案例分析形成教育叙事，还可以针对班级管理、教学方法、学生思想教育等谈谈自己的思考。学校将这些反思进行梳理，形成了学校教师自己的资源——《教师反思集》，为教师的一步步成长留下他们自己的印记。

此外，学校还为教师的优秀教学设计、说课、论文、读书感悟等都精心地进行汇编，以期让教师写作成为常态，成为我校每位教师必备的一项能力。

下一步，学校将以"学科团队为大问题整体规划，工作室重难点突破"的协同方式开展工作，让修内功、养儒雅的"香一"臻美教师在学习共同体中找到定位、得到提升、实现自我价值。

（三）名师牵头，形成研修核心

数学、语文两个名师工作室也在同步开展研修活动。工作室依托各级赛课，以研究主题为牵动，落实学科核心素养，以学生为本，扎根课堂教学，已逐步取得了研究实践成果。学校现有名师工作室两个，分别为黎孟晋数学名师工作室、李清语文名师工作室

黎孟晋数学名师工作室成立于2019年3月，现有成员10人，其中，市级学科带头人2人，市级骨干教师6人，区级骨干教师2人，是一支年轻有活力、踏实肯钻研的学习共同体。主持人黎孟晋老师多年浸淫小学数学教育，教材理解透彻、挖掘深入，曾多次参加数学教师基本功大赛获得一等奖，多次受邀做市区各级各类赛课的评委。工作室以"生本学材"为研究方向，从为教师的好教而设计的教育转向为学生的好学而设计的教育，实现学生积极、主动、活泼、健康的发展。

李清语文名师工作室同样成立于2019年3月，现有成员8人，其中，市级学科带头人2人，市级骨干教师5人，区级骨干教师1人。此工作室成员大多为"香远溢清"语文团队中的核心成员，思想站位高、实践能力强，是一支能打硬仗的队伍。主持人李清老师业务能力精湛，在近30年的小学语文教学中多次获得各级各类赛课奖项，也曾多次担任市、区各级赛课的评委，并在市、区大赛中做点评嘉宾，得到专家一致好评。

工作室的研究主题是"落实统编教材语文要素的方法研究"，以生为本，以文为本，立足学生的认知实际，教给学生实实在在的语文知识，培养学生语文素养，渗透做人的要义。"落实语文要素，着力能力生长"。

多年来，我校深入扎实开展团队研修活动，小到集体备课，

中到名师工作室活动，大到学科团队主题式研修活动，研修形式丰富多彩，研修主题与时俱进。数学团队的有效提问的研究、语文团队的阅读教学策略的研究、综合学科团队校本课程开发与实践的研究等，均已呈现出丰硕成果。

（四）着眼未来，凸显研修实效

在之后的研修过程中，我校又针对教育信息化、教育现代化已经融入课堂教学的方方面面的实际情况，结合教育部发布的《教育信息化十年发展规划（2011—2020 年）》中倡导的信息技术应用与教育全面深度融合、与教学融合的观念与要求，在信息技术与教学融合方面也作了诸多尝试，这将是我校下一阶段的备选研修课题。我校的校本研修将继续紧跟时代步伐，加强学习，把学科前沿的教学理念带到日常教学工作中来，全面提升教师素养，从而提高教学质量。

（五）特色研修，更新研修理念

1. 赛课——植根常态研究这一土壤

我校"香一杯"教师素养大赛从 2008 开始，到今年已举办10 余届。学校本着落实核心素养，全面探索和实践我校特色教学模式，面向全体教师开展赛课活动，做到了参与面广、形式多样、考察能力全面。

近两年的"香一杯"教师素养大赛，学校突出了普遍性、层次性。大赛从"主任及党员示范课""骨干引领课""教师展示课 3 个层面全面铺开，涵盖了全校各层次、各学科的所有一线教师。此外，学校从赛课环节上更加突出了课后的自我反思和现场答辩，让老师们通过反思和答辩这种形式对课堂教学中的得与失、"成"与"败"实时进行思考和反馈，更加有时效性和实效性。

2. 送教与进名校——校际联合，互促教师专业成长

作为市级校本研修示范基地校和"香一教育联盟"牵头学校，我校充分发挥了示范与带头的作用，经常邀请校级学科导师和骨干教师到合作学校进行送教下乡活动。

我校曾多次承担市教研院组织的"乡村教师进名校"培训任务，得到了市教研院及区教师进修学校的领导对于我校校本研修工作的指导与认可。作为培训基点校，我校教师充分发挥自身的长处，依托团队研修优势，为来到我校参与培训的教师呈现了优质的课堂教学和团队展示，同时在培训过程中，我校教师的培训工作和教师的个人素养都得到了更高水平的提升。培训中心本着"知无不言、言无不尽"的原则，把自己的所知、所会、所想、所感与来参培教师沟通交流，把办学特色全面呈现给他们，让他们真正地不虚此行。

今后，我校愿意继续承担此项工作，借助地域之间交流学习平台，促进我校教师更快成长，同时促进我校学科团队、名师工作室工作的稳步推进。

3. 专家讲座与教师论坛——实现高位引领和同伴互助

学校聘请多位专家对教师教学能力、教师职业道德、教师心理健康等方面进行专题讲座，做到"不出校门便能学习"，使教师与专家进行零距离沟通，真正提升教师的理论水平。我校曾邀请市教育研究院干训部郭德凤主任、区教师进修学校周龙副校长、区教师进修学校小学教育研培部郭聪主任、区教师进修学校数学教研员刘雅兰老师、美术教研员肖云才老师、心理学科教研员尚小丁老师进行培训讲座，这些讲座对我校教师树立正确的价值观和积极的工作态度有极大的帮助，同时也对学校教学工作有很大的指导作用。

除了聘请专家，我校还让老师们自己做"专家"，开"培训"。近年来，学校充分鼓励教师"走出去"，让教师能够拓宽自己的视野，时刻走在教育最前沿。我校先后外送教师参加省内外高端培训和会议 50 余人次，这些老师通过"走出去"，亲身体验教育最前沿的信息和优秀的教学理念，回来后在学校开展教师论坛汇报活动即外出学习教师汇报交流会，并把这些理念传递给学校的每一位教师，我们觉得这也是让教师开阔眼界、提高素质的最有效办法之一。

三、臻"新"模式，初探成功

学校在实施"生本教育"的过程中，结合"生本教育"的理论和特征，通过大量的教学实践，我校形成了"以生为本"教育理念基础上的"1+5+X"教学模式，其中，"1"指的是树立 1 个教育理念——"以生为本"，"5"指的是在"以生为本"教学理念基础上的 5 个教学环节，分别是：了解学生的学习需求、建立课程目标体系、课程内容设计、教学互动过程以及教育评价。

以"生"为本，不仅符合教育的基本宗旨、根本目标，同时也为我们的教育工作指明了发展的方向。对于"生本教育"我们依托 4 个重点：

1. 要明确教育的对象是学生，一切为了学生，把学生培养成德智体全面发展的个体。

2. 把学生当作一种重要的"教学资源"，要懂得如何开发这种资源，让其通过自我学习产生教育收益，自我增值。

3. 思考如何让教育这个工具成为学生学习的动力而不是阻力。

4. 明确教师的角色已经转变为引导者，不是高高在上，教师也必须提高自身素质才能符合生本教育的要求。

5 个环节以生本理念为中心，教学以"学生要学什么，老师就教什么"为出发点，预设中没有固定的难点和重点，根据学生的学习需求差异，只有相对的难点和重点。制定课堂目标时，采用建立课堂目标体系的方式，既有课堂统一的总目标又有因生而异的分目标，这样的目标体系，一可保证课堂的教学质量；二可减少传统教学课堂目标单一的问题；三是目标体系下的目标是多元化、个性化的，有利于充分发挥学生的学习积极性；值得注意的是，课堂总目标与分目标要保持相对一致。在课程实施过程中要高度重视讨论这种教学互动形式，讨论主题的设置要具有开放性，学生是讨论的主体，教师是讨论的组织者、引导者和讨论积极性的激发者、讨论过程的协调者，讨论中除了有对问题的交流碰撞，更要注重等待与思考、倾听与总结。随着教学实施的变革，教学评价应注重如下 3 个重要原则：A.无错原则。讨论问题，各抒己见，没有绝对的对与错。B.评价标准统一原则。让学生感受到评价的公平性。C.考核多样化原则。主客观相结合，定量定性相结合，过程结果相结合的综合评价。

我校的"1+5+X"教学模式是把沉睡在每个学生身上的潜能唤醒，并且激活起来，让学习真正从由师本教育下的"要我学"转变为生本教育下的"我要学"。我校在"1+5+X"教学模式的实施中已总结出数学、语文、英语及综合学科的"生本"课堂有效教学策略。

四、臻"美"课程，大放异彩

学校围绕"臻美"核心理念，依托国家课程、地方课程、学校课程，把认知性教育、体验性教育、隐性教育有机贯穿到学校臻美课程之中，积极推进完善臻美课程体系建设，促进学生知、情、意、行全面协调发展。

在"玩"中研、"玩"中学理念下的臻美课程经历了学生体验、家长查验，专家检验，时间考验，大放异彩。

我校现已开设的臻美课程主要有 6 大类：

1. 德育类臻美课程

每周一"臻美班级"，以课程的规范来实施常规性德育活动。

2. 活动类臻美课程

每周四"臻美社团"基于学生核心素养的培养和潜能的开发，开设了学生喜欢的丰富多采的学生社团活动。

3. 讲读类臻美课程

每周三的"臻美讲堂"，加强校园阅读，建设书香校园。

4. 研学类臻美课程

通过研学旅行将课堂向外延伸，在行走中学习，在活动中成长。

5. 劳动类臻美课程

带领学生们学习生活常识、劳动技巧，让每一个学生了解生活，融入社会，体验成长。

6. 阅读类臻美课程

借助阅读让学生、教师、家长在书香中交流，提升文化素养，打造浓郁书香氛围。

我校臻美课程经验在全省课程研讨交流会中进行了经验汇报，同期在香坊区中小学课程展示会中进行精彩的展示，受到与会领导及各校校长的认可与好评。臻美课程让学生们在课程中"品美、赏美"，生活中"显美、行美"，思想中"尚美、臻美"。

求真至善臻于美。校本研修工作是一个没有终点的旅程，相信有市区教研部门领导的关怀，有全体"香一"人的齐心协力，香坊小学校的臻美校本研修工作必将精进不怠，日臻完美！

（谭洪波）

探索臻"新"模式 成就臻"美"师生

——哈尔滨市香坊小学校校本研修开展情况

一、常规研修——扎实、平实、丰实的推进之路

我校经过多年的摸索与实践，在市区教研部门的指导下，最终确立了校本研修模式为"1+5+X"，其中，"1"为围绕一个理念即"立教育之本真，塑人格之善美，为培养全面发展的高素质人才奠基"；"5"包括3个学习共同体及2个数学、语文名师工作室；"X"为丰富多彩、形式多样的常规校本研修活动。

学校3个学习共同体分别是"香远益清"语文学习共同体、"方圆之间"数学学习共同体和"蜂鸟联盟"综合学科学习共同体，基本涵盖了我校所有教师；学校2个名师工作室分别是黎孟晋数学学科名师工作室和李清语文学科名师工作室。

结合研修模式，我校成立了专门的领导小组，制订了详尽的、有针对性的校本研修计划及各阶段推进方案，并且建立了科学完善的校本研修各项管理制度以及专款专用的经费使用机制，专项经费保证了我校及帮扶学校教师外出高端培训、购买专业类书籍及聘请专家讲座的支出，为研修工作的扎实有效开展提供了保障。

此外，我校5个学习共同体均有自己的研修计划及研究方向，即：

"香远益清"语文学习共同体：阅读教学的策略研究；

"方圆之间"数学学习共同体：核心素养理念下教学提问的艺术；

"蜂鸟联盟"综合学科学习共同体：发展学生核心素养——校本课程的开发与实践；

李清语文学科名师工作室：落实统编教材语文要素的方法研究；

黎孟晋数学学科名师工作室：落实生本学材的研究。

下面我将以"香远益清"语文学习共同体为例来介绍我校学习共同体校本研修开展的情况及取得的阶段性成果。

"香远益清"语文学习共同体以问题为动力，以课题为载体，深化课堂和教学改革为主题，以各年级阅读教学为依托，从阅读教学的策略研究入手，扎实有效地开展语文学科教学研究，深入挖掘阅读文本、凝练方法、总结策略、勇于实践，目前已形成一套行之有效的10余种阅读教学策略，如猜测想象策略、全息阅读策略、多元评价策略、符号留痕策略、关注细节策略、合作交流策略、读悟结合策略、自我赏读策略、续编故事策略、课内外延伸策略等，并在教学实践中持续进行打磨提炼。

在教学策略实施的过程中，学习共同体从"低年级绘本阅读中教学策略的实施"入手，着重运用"猜测想象""全系阅读""关注细节"3个阅读策略进行实践。

中高年级重点向阅读方法指导进行迁移，将阅读课的重心从激发学生读书兴趣，逐渐转移到读书方法的积累。经过一年多的实践研究，他们把原来总结的十大阅读策略又新增了"移位阅读、比较品读、多维研读、群文阅读、画思维导图"这5种阅读策略。全新"扩容"的这5种阅读策略的运用，大大增加了学生们的阅读深度，塑造着学生纯真的心灵，启迪着学生的智慧，塑造着学生的品格，浸润着他们的心田。我们无比欣慰地感到阅读确实是学生实现自我教育，提升核心素养的重要途径。

以上就是我校"香远益清"语文学习共同体近年来研修过程中所取得的研修成果。其他学习共同体在多年的研修中也均取得了较为显著的成果，如"方圆之间"数学学习共同体实施教学提问艺术的10余种有效策略，尤其是"蜂鸟联盟"综合学科学习共同体承担了学校"快乐香苗"学生社团的6大类等等，由于时间关系就不多作介绍了。

此外，我校常规校本研修活动以教师实际需求出发，紧紧抓住提升教师综合素养这一根本目的，形式多样、处处开花。每年一度的风采展示——"香一杯"教师素养大赛、每学期1次的濡化心灵——教师读书交流汇报会、每个月1次的笔耕不辍——教育教学月反思、不定期进行的头脑风暴——聘请专家的专题讲座、教育前沿理念的零距离接触——外送培训教师学习汇报会……每一次活动的开展均展现着学校扎实、平实、丰实的校本研修工作。

二、特色研修——充实、真实、厚实的探索之路

1. "1+5+X"课堂教学模式初探成功

在实施"生本教育"的过程中，结合"生本教育"的理论和特征，通过大量的教学实践，我校形成了"以生为本"教育理念基础上的"1+5+X"课堂教学模式，其中，"1"为围绕1个理念即"立教育之本真，塑人格之善美，为培养全面发展的高素质人才奠基"；"5"为在"以生为本"教育理念基础上的5个

教学环节，分别是了解学生的学习需求、建立课程目标体系、课程内容设计、教学互动过程以及教育评价；"X"为各学科所使用的有效教学策略。

我校的"1+5+X"教学模式是把沉睡在每个学生身上的潜能唤醒，并且激活起来，让学习真正从由师本教育下的"要我学"转变为生本教育下的"我要学"，激发学生自主学习、自主探索、自主实践的欲望，五育并举，从而全面落实核心素养。

2."1+5+X"管理模式初见成效

把管理做细、把常规做精、把细节抓严、把过程抓实，小事成就大事，细节成就完美。学校教学常规工作紧紧抓住把管理做精细化的思路，确定了"1+5+X"教学管理模式，其中，"1"为围绕1个理念即"立教育之本真，塑人格之善美，为培养全面发展的高素质人才奠基"；"5"为结合《香坊小学校教学常规管理制度》所制定的"五抓"，即抓备课、抓上课、抓检查、抓质量、抓评价；"X"指的是学校在管理过程中所采取的多种监控机制，即制度为细、考核为严、跟踪为要、过程为实、奖励为度、特色为新。

3. 基地帮扶——校际联合，互促教师专业成长

作为市级校本研修示范基地校，我校充分发挥了示范带头作用，结合两所帮扶学校校情，首先协助他们制定了校本研修提升计划和较为完善的管理制度，并依据两所学校的师资情况及教师需求，组建了自己的学科学习共同体，即数学学习共同体"教师的提问引发学生数学思维的培养"、语文学习共同体"阅读教学策略校本化的实践研究"，使他们的研修活动逐步走入规范和高效，从而促进了两所学校教学整体工作的全面提升。

求真至善臻于美。如今的香坊小学校教学工作"1+5+X"综合体系，已经融入教学常规管理、教师队伍建设、学生全面成

长等各个方面，并在实践中继续不断探索和完善。相信有市、区教研部门领导的关怀，有全体"香一"人的齐心协力，香坊小学校的臻美研修工作必将精进不怠，日臻完美！

哈尔滨市香坊小学校

2019.12.10

团队主题研修模式　引领教师更快成长

——哈尔滨市香坊小学校"1+3+X"校本研修项目工作总结

　　校本教研工作是学校当前更新教学理念，改进教学教研方法，提升教师教学水平，全面提高教育教学质量的重要工作。在新课程改革与实验过程中，做好校本教研工作显得尤为重要。

　　依据市教育研究院教师岗位培训部的统一要求，我校申报了市级校本研修项目示范校评选活动。随着校本教研工作的深入开展，学校教师的实践能力和理论研究水平有了长足的进步，学生学习的主体地位极大得到改善。为了着眼于学校可持续发展，我们坚持以打造高素质的学科团队为立足点，依托校本教研制度，扎实推进课程改革实验，发挥"求真、务实、团结、奋进"的团队精神，开拓进取，制定了"1+3+X"的校本研修项目。现总结如下。

一、关于我校校本研修"1+3+X"项目的解读

　　作为一所学校，培养一支或几支团结、进取、和谐的优秀教师团队，是学校的管理目标之一。如果能发挥好学校特有的团队精神，就能办好一所学校，办好一所人民满意的学校。因此，

我校本着"一个人走会走得更快，而一个团队一起走将走得更远"这样的思想，努力打造具有学习能力及研修能力的优秀学科团队。此项目中的"1+3+X"的说明："1"为围绕 1 个理念即学校的"四生教育"理念；"3"为学校 3 个学科团队；"X"为丰富的校本研修内容。

二、我校确立"1+3+X"校本研修项目的理论依据

我校依据刘会校长提出的"四生教育"理念，即技能成就生存、实践体验生活、书香润泽生命、快乐相伴生长的理念，按照"四面、八线、十六平台"的工作架构，遵循"队伍建设"层面中"师德建设"与"师能建设"的两条线，结合"打造香一名片"的工作平台开展各项校本研修活动。

在我校校本研修活动开展过程中，大体依照"团队研修"和"集中研修"两条腿走路的方式进行。

三、我校项目团队整体情况及各自研修方向

此项目涉及我校 3 个团队的教师，即"香远溢清"语文团队、"方圆之间"数学团队和"蜂鸟联盟"综合学科团队，基本涵盖了我校所有教师。教师平均年龄为 39 岁，中学高级教师 11 人，小学高级教师 60 人。

1."香远益清"语文团队

"香远益清"语文团队成立于 2010 年，曾获得"哈尔滨市学习型团队"光荣称号。现有团队成员 18 人，其中，市级学科带头人 3 人，市级骨干教师 8 人，区级骨干 5 人。团队自成立以来，以问题为动力，以课题为载体，深化课堂和教学改革为主题，以

各年级教学为依托，扎实有效地开展语文学科教学研究，其中包括观课议课活动、课题研讨活动、小国学讲坛的讲授、新课标的学习、读书活动、班级读书会的授课及推广等等。

在我校"1+3+X"校本研修项目中，"香远益清"语文团队的研究方向为依托"绘本故事教学"的研究，在小学阶段为学生树立良好的学习习惯和正确的人生观、价值观。他们从绘本故事教学的策略研究入手，通过观议课、论坛等形式，深入挖掘故事、凝练方法、总结策略、勇于实践，目前已大致形成一套行之有效的绘本故事教学的策略，并在今后的研修中继续进行打磨。

本次我校即将展示的研修现场就是由我校"香远益清"语文团队的老师带来的"绘本故事教学策略的研究"第二阶段的展示。

经过不断的锤炼、提高，语文团队培养了一批名师，在她们的引领下，大大提高了我校语文教师教学水平。"与课改同行，创品牌团队"这是我们香坊小学语文团队永远的追求，香坊小学语文团队正在扬帆远航。

2."方圆之间"数学团队

"方圆之间"数学团队同样成立于2010年，曾获得"哈尔滨市学习型团队"光荣称号。现有团队成员14人，其中，市级学科带头人2人，市级骨干教师5人，区级骨干教师6人。团队的培训活动由菜单式专题讲座到示范课引领，从文本的研究到课例的打磨，从开展活动前的意见征求到活动结束后的反馈和评价等等，团队成员不断加强自身建设，以实际行动率先垂范，使研究成为团队前进的方向。

在我校"1+3+X"校本研修项目中，"方圆之间"数学团队的研究方向为依托我校"四一四课堂教学模式"的研究与实践，从课堂的有效提问入手，实施问题驱动式的教学策略，充分发挥教师主导作用，让学生能够自我探索数学知识的奥秘。他们通过多次观议课、论坛研讨等方式，精心设计问题，着力打磨课堂语言，把数学课的严谨性充分地发挥出来，使学生受益。

3. "蜂鸟联盟"综合学科团队

"蜂鸟联盟"综合学科团队成立于 2014 年 3 月，是一支较为年轻的、覆盖所有综合学科教师的团队。现有团队成员 36 人，其中，市级骨干教师 4 人，区级骨干教师 8 人。"蜂鸟联盟"以"四生教育"为依托，以课程改革为核心，以课堂教学为主阵地，从学校教育教学管理入手，致力于教学模式的探索和学生的全面发展以及教师的专业成长，确立新的起跑线，不断实现创新，进而推进香坊小学小课题的深入研究，促进学校团队工作再上新台阶。

在我校"1+3+X"校本研修项目中，"蜂鸟联盟"综合学科团队承担了我校校本课程开发的重担。经过一年多的实践，我校以综合学科团队教师为主力的活动类校本课程——"快乐星期二"已经粗具成果，收到了非常好的效果，得到了学生、家长及社会的认可。由于综合学科团队由除数学、语文学科教师之外的其他学科教师组成，因此，他们之中不乏多才多艺之人才，并富有勇于创新、勇于探索、勇于实践的精神。正是这样一个团队，充分发挥自己的专长，为我校学生开设了棋类、艺术类、演绎类、科普类、礼仪类等共 29 门选修课程，极大地丰富了学生的见闻和课余生活，也锻炼了学生的能力，强化了学生的各项技能，体现了我校"四生教育"的理念在课程中的实施。

四、健全制度，加强管理，营造良好的团队研修氛围

建立以校为本的研修制度是新课程改革的需要，也是新课

程实验与实践的制度保障。完善以校为本的研修制度，有利于提高教师的自我学习、自我发展、自我创新的自觉性、主动性和积极性，有利于促进教师的专业发展和综合素质的提高。为此，我校健全了机构，成立了以校长为第一责任人，承担校本研修的组织、领导之责；以团队为基本研究单位；团队负责主任、团队组长为骨干力量；全体团队成员为参与者、行动者、研究者的研修组织制度体系，拟定了相关管理规则，加强了组织管理。

为营造良好的教研氛围，保障校本研修的全面顺利进行，我校坚持改革创新，为调动广大教师参与校本研修的热情，发挥教师的自主探究能力，学校还将教师参与校本培训和继续教育学习情况同评职晋级、评先、评优挂钩，并建立相应的奖惩制度，使每位教师以参与者姿态参与到校本研修中来，切切实实为教育教学服务。

五、依据实际，以校为本，开展各种集中研修活动

（一）师德建设

教育事业是关系到国运兴衰、民族振兴、科教兴国和现代化建设的国家大事，那么建设一支师德高尚、业务精良的教师队伍，则成为教育工作的一个不可或缺的重要组成部分。教师没有"厚德"，又何以"载物"呢？所以，在开展"学师德新规范，树师德新形象"活动中，我们树立了这样的理念：让德高才博者得到颂扬，而望重；让追求高尚者修有路径，而奋发；让品行欠佳者感受急迫，而觉悟；让德劣才疏者自觉无颜，而重生。务必使我校教师能以高尚的师德承担起培养人才的重任。当然，时代在不断地进步，信息时代又给教师职业道德修养带来了更多、更

新的机遇和挑战，我们将把时代对教师提出的要求作为新的出发点，重新构建师德的内容，使师德教育更体现时代特点和创新精神。

因此，我校每个学期都要开展教师师德演讲比赛，先从各个团队中推选出参赛选手，然后到学校层次进行演讲的比赛，把自己的故事讲给大家听，把自己的体会分享给大家。经过几届教师师德演讲比赛，使我校教师在思想政治上、道德品质上、学识学风上以身作则、率先垂范，尊重学生人格，不歧视、侮辱、体罚和变相体罚学生，维护学生的合法权益，以自己的高尚人格教育和影响学生，真正成为广大学生的良师益友，成为全社会尊敬的人。

（二）师能建设

1. 有特色的课堂诊断，真实提高教学能力

依托"香一杯"教师素养大赛平台，让教师继续深入研读课程标准，探索和实践学校"四一四"课堂教学模式，以团队内备课研课，全员参与授课的形式，扎实有效提高教师教学水平。每一届素养大赛活动，我校均能挖掘出几位脱颖而出的教师。例如上次大赛，我校又挖掘了3位可以作为"学科导师"的综合学科教师：英语学科靳贤睿老师、品德学科宋丹丹老师和科学学科杨晓华老师；另外，在语文学科的绘本故事教学课和心理学科方面，李清和刘天艳2位老师脱颖而出，在新兴学科、新兴课型的探索中迈出了一大步。目前，我校已经初步形成了各团队的教师培养梯队，由"学科导师"引领团队大踏步地前进着。

另外，我校开展的"香一杯"教师素养大赛，依托3个团队的研修平台，通过笔试测试、技能展评暨团队整体的教学或专业技能展示及课堂教学展示，以赛促练，以赛促研，从学科专业

水平方面促进教师能力提高，从而提升教师整体素养。

2. 有主题的专题报告，有效提升专业素养

学校聘请专家对教师教学能力、教师职业道德、教师心理健康等方面进行专题讲座，使教师能够与专家进行零距离沟通，真正提升教师们的素养。我校聘请了市教育研究院干训部主任郭德凤老师进行了有关幸福教育方面的讲座、聘请了区教师进修学校美术教研员肖云才老师进行了有关写字课的教学指导的讲座、聘请了区教师进修学校心理学科教研员尚小丁老师进行了有关教师心理辅导方面的讲座，这 3 次讲座对于我校教师树立正确的价值观和积极的工作态度有极大的帮助，同时也对今后的教学工作有很大的指导作用。

3. 有质量的考察活动，适时开阔教育视野

学校将与省内外优秀的教育基地联系，大搞"走出去""请进来"活动，让我校教师能够拓宽自己的视野，时刻走在教育最前沿。几年来，我校外送教师参加省外高端培训和会议 50 余人次，这些老师通过"走出去"，亲身去体验教育最前沿的信息和优秀的教学理念，并把这些理念带回到学校，传递给学校的每一位教师，我们觉得这也是让教师开阔眼界、提高素质的最有效办法之一。

4. 有目标的专题研究，切实促进学科发展

学校将与学校申报的科研课题相结合，以团队为基础，以观摩课、集体备课、论坛沙龙等形式，让老师们在自己的学科领域与同行进行思想的激烈碰撞，从而提高专业水平；同时依托市区教育业务部门的力量，对我校教师进行专题专项指导。本年度我校通过学科团队进行了有关"四一四"课堂教学模式的观议课研讨活动、关注教师课堂提问的有效性观议课研讨活动和"四生教育"在课堂教学中的体现观议课研讨活动等，通过以上几次团

队式的交流，使教师们能够在活动中成长，在团队合作中找到学习的乐趣，从而得到长足的进步与发展。

5. 有实效的读书交流，全面加深教师底蕴

针对教师的教育和教学工作需要，我校格外重视教师读书，学校每个学期都会为教师购买教育专论、专业知识方面的书籍，使教师能够从中不断提高自身的理论功底、了解教改动态，学习新的教育方法、增强教学的本领。在自读的基础上，学校定期组织全体教师开展读书交流活动，即"聊书"活动，让全体教师在轻松、愉悦的氛围中将自己所读、所感、所思和同行们一起分享、交流。学校还聘请多位教育专家及校长、主任、骨干教师为教师们进行阅读技能的讲座，使教师们能够在阅读中学习和解惑，并引导教师加强对学生阅读方法的指导。

通过教师读书活动的开展，有效地促进了教师专业的发展，提高了教师的科研能力。学校还先后开展了教师读书笔记展评、开辟了读书心得体会专栏、举行了读书演讲比赛、读书交流会等活动。这极大地提升了教师们的自身素质。在知识的海洋中遨游，教师们可以感受教育大师的风范，领悟素质教育的真谛，提高文化知识素养，增强教育管理的水平，对科学研究的认识越来越深入，课题研究的水平逐步提高。同时，也促进了学校教育教学改革不断深入。

立身以立学为先，立学以读书为本。如今，香坊小学的师生及家长们都越来越感受到阅读带来的快乐和帮助。我们相信：人生乐趣在读书，有书为伴心甘甜。读好书，能知晓人生之难，体味天地之大，寂寞而不孤，受苦而不悲，受创而不馁，受宠而不惊，能使人达到一种雍容雅怡，潇洒达观的境界。

校本研修是一项系统工程，需要持之以恒，需要凝心聚力。以校为本，以研为纲，以修为策，达到教师个体业务能力与师德

水平的提升，达到团队整体素质与核心技能的提升，是我们永远不变的追求。

　　路漫漫其修远兮，我们会不遗余力，砥砺前行！

探索集团化办学新模式 推进教育优质均衡发展

——"香一教育联盟"集团化办学阶段成果汇报

推进义务教育优质均衡发展已成为当前教育改革发展的重中之重。如何在教育优质均衡发展的道路上寻求突破、如何进一步提高学校教育的办学质量、如何用新的办学模式让更多的人民群众享受优质教育,为了破解这些难题,在香坊区教育局的统筹安排与正确指导下,以香坊小学校、香坊第二小学校、建平学校、向阳中心小学校4所学校共同组建的"香一教育联盟"应运而生。

在组建教育集团方面,我们在办学模式转型、优质资源共享、体制机制改革等方面进行了积极的探索与实践。教育集团打破了原有办学体制内学校教育资源独享的局限和壁垒,有效整合了集团内各校的现有资源和办学特色,充分发挥了各教学点设施设备、管理理念、教育教学、文化建设、课程改革等资源优势,通过多种途径和方式进行交流协作,满足地方百姓对优质教育的需求。

一、机遇与挑战——"香一教育联盟"顺势而生

"香一教育联盟"于 2016 年 9 月筹备成立。两年来,着力于提高学校管理水平,促进教师专业成长,服务学生全面发展,

改善学校办学条件，提升群众满意度和美誉度，通过健全组织、形成机制、强化措施，取得了人民群众满意、上级领导认可的成绩，产生了良好的社会效应。

集团成员之一——哈尔滨市香坊小学校

哈尔滨市香坊小学校是一所具有悠久历史与深厚文化的老牌名校。在谭洪波校长的带领下，学校始终坚持"臻美"理念，提炼特色、形成品牌，全面提高学生的核心素养。

集团成员之二——哈尔滨市香坊第二小学校

哈尔滨市香坊第二小学校坚持"以学生为本，面向全体学生，突出个性特长，培养高素质人才"的办学思想，努力为学区民众提供优质的教育服务。

集团成员之三——哈尔滨市建平学校

哈尔滨市建平学校是一所公办九年一贯制学校，坚持"立德树人"，坚定"德育为首"和"教学为中心"的思想，彰显艺体特色。

集团成员之四——哈尔滨市香坊区向阳中心小学校

哈尔滨市香坊区向阳中心小学校是一所农村公办小学，秉承着"适应未来发展，提升生命品质"的办学理念，走多元文化创建之路，推动落实"新生态教育"。

二、摸索与创新——"香一教育联盟"风生水起

教育集团怎样运作，采取什么样的形式，这都需要顶层设计。为了使教育集团开展的所有活动都能接地气，确保从校长到中层，再到一线教师都能积极主动地参与，集团多次召开校级、中层干部、骨干教师会议，认真听取意见和建议，为教育集团开展活动寻找群众基础。在充分听取意见的基础上，"香一教育联盟"确

定了"依托校本研修、团本研修，提升教师综合素养，从而全面提高教育教学质量"的工作思路，并在集团办学的道路上不断摸索和创新。

（一）明确目标

教育集团深知教育要想发展，教师是关键。只有不断提高教师专业能力、提升教师综合素养，才能全面促进学生发展，促使核心素养落地生根。教育集团紧紧抓住"阅读"这一抓手，确立了以"阅读丰盈人生，书香描绘未来"为主题的系列活动，从阅读实践课、阅读教学策略研究、教师朗读、学生诵读、亲子共读、师生读书交流会、学生课本剧、校园楼廊文化建设等方面全面推行阅读，让书香之气充盈整个校园。

（二）健全组织

为方便教育集团活动的开展，"香一教育联盟"建立了行政组织领导机构，即：香坊小学校校长谭洪波同志任教育集团理事长，香坊第二小学校校长梁金生同志、建平学校校长石庆富同志、向阳中心校校长汪洋同志任教育集团理事，集团内各校主抓副校长任执行理事，各校教学主任、教研组长任组织成员，形成了"香一教育联盟"完善的组织机构，实现了从宏观协调到实施操作的组织领导。

（三）强化措施

为确保集团真正能办出实效，着力解决教师专业成长的突出问题，提升教师素质，提高教育质量，教育集团采取了多种强化措施。

1. 集团活动常态化

在保证集团内各校正常教育教学工作之外，把教师素养大赛、阅读实践课大赛、教师读书交流会、新教师教学成果汇报课等活动常态化，使师生在多种平台上展示、汇报、交流、提升；召开期末工作研讨会、组建名优班主任工作室，发挥名师引领辐射作用；同时为全面发展学生核心素养，教育集团还将夏季联盟运动会和冬季雪地足球赛常态化，丰富学生课余生活，锻炼学生身体素质，提升学生集体荣誉感和团队合作凝聚力。

2. 走出去聆听窗外的声音

教育集团大力支持教师走出去，参观、听课、学习。集团各校先后派出 50 余人次赴省内、省外参观考察、参赛交流，开阔教师视野，接受前沿理念，帮助教师更快成长。

3. 引进来主力集团协同发展

教育集团积极与各级各类教育专家沟通联系，聘请他们来到教师身边举行讲座和进行指导。集团先后聘请了黑龙江省教研院小学语文教研室主任杨修宝、哈尔滨市教研院干训部主任郭德凤、小学教研室主任杨瑞松、香坊区教师进修学校小学教育研培部主任郭聪等专家进行现场传道，与教师零距离沟通交流，指导教师专业发展。

三、成效与发展——"香一教育联盟"方兴未艾

教育集团成立以来，借助于明确的工作目标、完善的组织体系、强有力的工作措施，集团正在悄悄发生变化，取得了一定的成效。

（一）教师提升更显效果

集团通过开展各项有实效的活动，充分激发了教师的参与积极性，让教师们能够在活动中真正有收获、有成长。同时，通过聆听专家讲座、参与研讨交流、研读课程标准、撰写反思体会，教师们的理论水平得到了进一步提升，让他们真正从中受益。此外，教师们通过参与赛课、课题研究、读书交流等活动，其课堂教学能力不断提高。

（二）学生成长更有内涵

教师理论水平的提升、授课技能的增强，最大受益者是学生。各种阅读活动的开展，让学生爱上了阅读，爱上了从书中探索世界、获取知识的方式；各种文体活动的开展，丰富了学生的学校生活，学生在丰富多彩的活动中锻炼了胆量，提升了素质，培养了能力，丰盈了精神世界。老师们惊喜地发现，课堂上学生由不发言变得喜欢主动回答问题，甚至向老师和同学提问题，整个人变得自信、乐观、积极。

（三）学校发展更具特色

集团组建以来，群策群力，各校互帮互助，共同进步。两年来，集团内各校陆续形成并完善了办学理念，规划出近期办学目标及远期集团愿景。"香一"的"臻美文化"、香二的"资源优化"、建平的"足球特色"、向阳的"文化传承"，各校特色日臻凸显，日趋完善。

迎高潮而快上，乘顺风而穷尽。"香一教育联盟"将借集团化办学之东风，乘势而上，勇于创新，不忘初心，砥砺前行，坚定不移走优质高效集团化发展道路，办人民满意的教育！

附：“香一教育联盟”开展的具体工作总结

“香一教育联盟”开展的具体工作总结

一、教育联盟齐头并进 学科素养落地生根

——“香一教育联盟”系列活动暨校本研修示范基地校对口帮扶活动（一）

本着落实学科核心素养，解决教师在授课中遇到的实际问题，最终全面提升学生综合素质的理念，在“香一教育联盟”成员学校几位校长的共同研究与推动下，2018年3月14日下午，联盟4所成员学校的部分优秀教师以及香坊小学校本研修活动对口帮扶学校——黎明四校和黎明九校的部分优秀教师齐聚香坊小学校五楼大会议室聆听讲座。

本次活动特邀请了香坊小学校分别在数学、语文学科多年潜心钻研课标，深入挖掘教材，在我校乃至全区都享有盛名的黎孟晋、李清两位老师来为我们作专项培训讲座。黎孟晋老师的讲座《新课标解读——“数与代数”领域内容解析》从新课标的新旧变化入手，深入分析了“数与代数”领域小学阶段的教学重点、教师存在的误区以及注重培养学生的哪些能力等内容，深入浅出，解析透彻，博得教师一阵阵的掌声；李清老师的讲座《小学语文阅读教学的实施建议》以小学阅读教学为基础，全面系统地提出了小学低、中、高年段教学的建议和注意事项，并结合大量自己的教学实例和教学经验与参会教师进行分享，现场也是掌声不断。

香坊区教育局领导非常重视此项工作，初教业务科姜永

利科长及王有权老师亲临培训现场并讲话，对"香一教育联盟"的系列活动给予了充分肯定和高度评价，认为这是满足一线教师需求的、非常有实效的系列培训活动，并提出了希望，希望老师们通过校际联盟的方式，充分发挥各校优势，取长补短，提升教师综合素养，从而全面促进学生核心素养的提高。

二、教育联盟齐头并进 学科素养落地生根

—— "香一教育联盟"系列活动暨校本研修示范基地校对口帮扶活动（二）

2018 年 3 月 28 日下午，"香一教育联盟"邀请到了香坊区教师进修学校小学教研室郭聪主任，为联盟教师带来了一场精彩绝伦的讲座。

郭聪主任的讲座《走进"核心素养时代"》从"为什么提出核心素养？""什么是核心素养？"和"核心素养如何落实？"3个方面深入浅出地为老师们讲解，尤其是在落实核心素养部分，郭主任结合大量视频、实例等资源，从课程体系如何设置、教学行为如何改进、评价机制如何转型、教师观念如何转变 4 个角度，为我们深层次解读了立德树人的教育重任，为学校及教师在核心素养大潮下应该如何做指明了方向，这是一次非常有针对性、有实效的讲座。

在整个讲座过程中，联盟教师及黎明四校、黎明九校部分教师都非常认真地倾听，认真做笔记，郭主任讲到精彩处不时爆发出热烈的掌声，可见老师们都受益匪浅。

三、齐头并进，助力集团工作再创新高

——召开"香一教育联盟"学期工作推进会

2018 年 11 月 15 日，"香一教育联盟"在香坊小学校召开了本学期集团工作推进会，香坊小学校校长谭洪波、香坊第二小学校校长梁金生、向阳中心校校长汪洋和建平学校校长石庆富出席本次会议。

本次工作推进会是继工作计划会之后的又一次重要会议，由谭洪波校长主持。会议梳理了自开学以来集团工作的开展情况，并加以总结，同时对下一步集团工作的方向、形式、内容等问题进行商讨，形成了更加明确的发展思路和工作方案，促使集团工作稳步、高效推进。

梁金生校长、汪洋校长、石庆富校长分别对本校的工作开展情况作以简述，同时也对今后的发展等问题提出了自己的意见和建议。谭洪波校长最后强调：教育联盟的发展离不开 4 校全体教职员工的积极参与和默契配合，我们要发挥 4 校特色之优长，补各校之短板，促教育之均衡。也希望通过 4 校联盟办学，共促核心素养落实、教师素养提升、学生全面发展。

四、集团助力校本研修，促新教师教学能力全面提升

——"香一教育联盟"新教师教学能力汇报课展示活动

按照"香一教育联盟"本学期工作计划，2018 年 11 月 23 日，

联盟在香坊第二小学校举办了新教师教学技能汇报课展示活动。香坊区教育局初教业务科王有权老师出席本次活动，"香一教育联盟"理事长香坊小学校校长谭洪波、副理事长香坊第二小学校校长梁金生、副理事长向阳中心校校长汪洋及联盟各校副校长、主任及教师全程参与本次活动。

本次活动共展示了 4 节新教师的课堂教学，分别是香坊第二小学校董雨含老师的数学课《搭配》、向阳中心校肖如婧老师的数学课《观察物体》、建平学校孙钰老师的语文课《雪孩子》以及香坊小学校胡亭亭老师的音乐课《大海》。4 位新教师均是工作只有一年的老师，但是在今天的课堂教学中可以看到她们均能够切实体现出学科核心素养在课堂上的落实，教学现场日趋成熟，教学表现日近完善，教师们教学基本功扎实，个人综合素养很高。

每节课后，各校教学主任对这节课堂教学进行了全面细致且有针对性的评课。教学主任们充分肯定了每节课堂教学的优点及亮点，也中肯地提出了一些建议，对于教学中出现的问题和不足作了靶向性指导，帮助新教师们快速成长。

随后，"香一教育联盟"理事长谭洪波校长作了精彩讲话。谭洪波校长首先对本次活动给予了高度评价，认为这次活动非常有意义、有实效，同时也肯定了联盟校本研修工作及新教师培养工作所取得的成绩。最后谭洪波校长强调：新教师的成长关系到学校未来的发展，联盟各校一定要扎实开展新教师培训及校本研修、"盟"本研修工作，只有提升了全体教师的个人素养，才能全面提高学生的综合素质，使核心素养落地生根。

五、集团共融铸品质，乘风扬帆正当时

——召开"香一教育联盟"阶段成果汇报现场会

2018 年 12 月 19 日下午，"香一教育联盟"在香坊小学校隆重召开 2018 年阶段成果汇报现场会。香坊区教育局李向前副局长、初教业务科姜永利科长、香坊区教师进修学校周龙副校长、初教业务科王有权老师全程出席本次活动，"香一教育联盟"理事长谭洪波校长，副理事长梁金生校长、汪洋校长、石庆富校长陪同出席活动。

本次活动共分为 3 个板块。

第一板块——观看由姜洋、吴伟君两位老师精心制作的宣传片《集团共融铸品质 乘风扬帆正当时——"香一教育联盟"阶段成果汇报总结》。"香一教育联盟"于 2016 年 9 月筹备成立。两年来，着力于提高学校管理水平，促进教师专业成长，服务学生全面发展，改善学校办学条件，提升群众满意度和美誉度，通过健全组织、形成机制、强化措施，取得了人民群众满意、上级领导认可的成绩，产生了良好的社会效应。宣传片从多个角度全方位展示了"香一教育联盟"从成立以来开展的各项活动以及取得的成效，并对集团愿景做以展望，希望在今后的办学中，各校特色能够日臻凸显，日趋完善。

第二板块——"阅读丰盈人生"教师阅读实践课展示及阅读教学策略研修现场。"香一教育联盟"以"阅读"为抓手，在集团内开展阅读实践课的实践研究，并且依托校本研修，以集团语文团队为平台，深入开展阅读教学策略的探究。本次展示活动共开放了 6 节阅读实践课现场，分别为主会场香坊小学校王迪老

师的《狼大叔的红焖鸡》，分会场香坊小学校郭玉宏老师的《我把没有送给你》、香坊第二小学校牛建玲老师的《声律启蒙一东》、香坊第二小学校高岩老师的《爷爷一定有办法》、建平学校王琦老师的《我妈妈》以及向阳中心小学校彭诗超老师的《大卫不可以》。6节阅读实践课，教师均对阅读教学策略进行了实践与探索，并且注重培养学生的阅读兴趣和对读书方法给予指导，博得与会领导和教师的一致好评。随后由联盟语文团队部分教师展示的《绘本阅读教学策略的实施》研修现场，参与论坛的教师各抒己见，既有理论高度，又联系实际，字字珠玑，句句精彩，博得现场掌声不断。

第三板块——"书香描绘未来"师生阅读素养展示。"香一教育联盟"通过开展教师朗读、学生诵读、亲子共读、师生读书交流会、学生课本剧表演等活动，培养教师阅读兴趣，提升师生综合素养。同时利用校园楼廊文化建设来创设良好阅读氛围，全面推进阅读，让书香之气充盈整个校园。五年级学生在韩笑组长及关秀春、王平、张静、李慧影、楚莎莎几位老师的带领下，表演了课本剧《将相和》，通过阅读这些典故并把它演绎出来，既能激发起学生阅读的兴趣、培养学生的创造能力，也能把中华传统文化传承下去，提升核心素养；在王迪老师的亲自指导下，三年五班周子玉同学与其外公共同展示的亲子阅读《共沐好家风》，以家、校合力来共同促进学生阅读，从而让学生热爱生活、享受生活；师生朗诵《提醒幸福》，依托"朗读者"活动，让师生之间消除了鸿沟，拉近了距离，建立了信任；由郭玉宏老师倾情导演，王秋平、刘健、逄金艳、刘丽云、王健老师共同参与的联盟教师朗读展示《书香满园 师魂永驻》从古吟到今，配以板书板画、软笔书法技能展示，全方位展示了4校教师扎实的教学基本功和极高的个人素养。

六、凝众力，合作共赢；促均衡，协同发展

——召开本学期集团工作会议

2019年3月13日，"香一教育联盟"在哈尔滨市香坊小学校召开了本学期集团办学工作会议，香坊小学校校长谭洪波、香坊第二小学校校长梁金生、向阳中心校校长汪洋、建平学校校长石庆富出席本次会议。

本次工作会议由理事长谭洪波主持。首先谭洪波校长对上学期集团工作作以简要总结，对工作的开展及取得的成绩给予了积极评价与肯定。然后各理事共同确定了本学期集团办学主题，商讨本学期工作方案，为下一步集团工作的全面铺开和推进指明了方向，形成了行之有效的工作思路和措施，促使集团工作能够稳步、高效地推进。

理事长谭洪波最后强调：联盟的发展离不开4校全体教职员工的积极参与和默契配合，我们要发挥4校特色之优长，补各校之短板，促教育之均衡。也希望通过4校联盟办学，共促"让学生喜欢你所教的学科"落地生根、核心素养落实、教师素养提升、学生全面发展。

七、借助专家引领，促期末复习有效落实

——数学学科期末整理与复习教学策略UMU平台网络研修活动

2019年6月24日，"香一教育联盟"在香坊小学校设立

主会场，开展了数学学科期末整理与复习教学策略交流研讨活动，并利用 UMU 直播平台面向联盟四校教师进行现场直播。此次活动，"香一教育联盟"邀请了香坊区教师进修学校小学教育研培部数学教研员刘雅兰老师对活动进行点评和提升。

活动由孙丰瑞主持，共分 4 个环节。

第一环节是由香坊小学校数学学科市级骨干教师黎孟晋老师作题为《小学计算教学中的算法多样化与最优化的思考》的经验交流分享。黎老师在多年的数学教学中，深入挖掘教材及教法，对计算教学的实施策略作了全面的研究和实践，并加以归纳总结，此次分享的经验列举大量黎老师在实际教学过程中的实例，把计算教学中的算法多样化、最优化等观点阐释得清晰透彻，使与会所有教师均受益匪浅。

第二环节是由香坊小学校数学团队负责人、数学学科市级学科带头人刘雅洁老师面向全体与会教师作题为《小学数学整理与复习课的教学策略实施建议》的讲座。在讲座中，刘雅洁老师把数学学科小学阶段进行整理与复习时建议采用的教学策略分门别类进行阐述，例如：按年级分为低年级教学策略和中高年级教学策略；按学习方式分为个性化教学策略和自主学习教学策略；教师常用教学策略和不常用教学策略等类别。

第三环节分别呈现了香坊小学校一年级教师李晶和三年级教师蒋美鹏的整理与复习课的教学片段录像。两位老师在课堂上采用了多种整理与复习的教学策略，体现了复习的多样化和系统化，基于学生不同年龄段的认知特点以及学科特性，使复习课堂既科学严谨又不乏趣味性，起到了很好的示范指导作用。

最后，数学教研员刘雅兰老师对此次活动进行精彩点评和引领指导。首先刘老师充分肯定了此次活动的目的和意义，并对以上各环节教师们呈现的所有内容给予高度评价。刘老师将两节教学片段与之前刘雅洁老师的讲座内容进行有机整合，从理论指导到实践探索，再回到理论提升，可谓妙语连珠、画龙点睛。随后，刘雅兰老师围绕"香一教育联盟"此次活动的主题，为与会教师呈现了一次高屋建瓴的整理与复习教学指导讲座。

此次活动取得了非常好的效果。活动利用 UMU 直播平台，让其他 3 校教师足不出户即可参与活动，聆听优秀教师的经验分享和专家的引领。此外，在平台上，老师们也积极发言，分享自己的收获和心得，学习氛围浓厚。

教师感悟篇

——我眼中的学校

平凡岗位献师爱   满腔热忱育英才

尊敬的各位领导、各位老师：

　　大家好！我是来自香坊小学校的一名班主任，我叫李清。今天，我演讲的题目是《平凡岗位献师爱，满腔热忱育英才》。

　　转瞬间在教育岗位上已经度过了 17 个春秋，其中有 16 年都在从事班主任的工作。整整带了 3 届大循环班级。16 年来，我最深的体会是我们班主任的工作，是快乐与辛苦同行，是责任与使命的担当，它需要爱心与智慧的浇灌，才会收获花的芬芳、果的甜美。

　　还记得 1996 年，刚刚毕业一年的我怀着对班主任工作的无限向往，全身心地投入到所带的第一个班级中去。每天与 66 个一年级的孩子在一起，他们成了那时我生活中最重要的一部分。我牢记"亲其师，信其道的"的古训，用爱的微笑去征服学生的心灵。每天，和孩子们一起学习、劳动，一起聊天，做游戏……虽然辛苦，但是很快乐。我想：要教育好学生，首先应建立好一个积极向上的班集体，良好班风的建设会影响学生个体行为的发展。而一个好的班集体需要通过丰富多彩的活动来带动，所以，每年学校组织艺术节、读书节、体育游戏节等活动，我都会积极组织学生参加，让学生在活动中得到锻炼。记得我带的第一个班级刚刚升入三年级的时候，这个时期学生的思想正处在从个人荣誉向集体意识转变的关键期，正好学校组织"庆十一歌咏比赛"，我就想抓住这个契机好好地培养学生们的集体荣誉感。我特意选了一首充满童趣的《刨冰之歌》，为它编上了一系列有趣的动作，其中有一个特别夸张的动作是集体边唱边甩头。由于这个动作的幅度很大，频率也很快，一开始学生们总是甩不齐，因此，每天我在完成正常的教学任务之后，就带领学生一遍遍练习。那段时间，学生们格外听话，没发生一起打仗事件，课余时间，教室里除了歌声，就是笑声。由此我感到：一个集体，如果有一个共同的努力目标，人与人之间就会更加互相理解，相互包容。正式比赛那天，我亲自指挥，带领同学边唱边做动作，我与学生们那整体划一的甩头动作，新奇别致的表演，都深深地吸引着全校师生，一曲完毕，全场掌声雷动，我看到舞台上，孩子们的腰挺得是那么直，小胸脯挺得是那么高，稚气的小脸上洋溢着兴奋与自豪。最终，我们班以全校总分第一名的成绩，取得了比赛的特等奖。那次活动过后，我明显地感到学生们对我提出的要求更信服了，他们集体荣誉感真的大大增强了。

然而，班主任的工作不会总是一帆风顺的，每个班级，总会有一些个性鲜明、难于管理的学生，他们常常使我们头疼万分，无从下手。大家都知道，班级里最容易出状况，同时也是最需要关心的莫过于那些单亲家庭的孩子。记得我带的第二个班级中有一位叫浩然的男孩，刚入学不久我就发现，他很少能按时完成作业，上课时常打瞌睡，下课常欺负小同学，好偷、拿同学的东西和钱。脾气大，好打人，学习非常不好。这在一年级的学生中非常少见。经过了解我才知道，他父母离异，从小他就跟着父亲和奶奶生活。可是奶奶和爸爸成天打麻将，家里天天烟雾缭绕，时常十一二点还在打麻将，家里没有他学习的地方，甚至没有能让他安心睡觉的地方。连最起码的三餐，也不能按时给他准备好。爸爸脾气暴躁，动不动就对他拳脚相加。所以，在他的心中，拳头是解决问题的好方法。听说了这些情况，我的心紧紧地揪成了一团，怪不得他身上总有一股浓浓地烟味，怪不得他的脸上、胳膊上时常青一块、紫一块。生活在那种环境中的孩子怎么能成长得好呢？我想教育这样的孩子，"严"字当头一定不可取，因为他已饱偿了太多的批评、责骂，甚至殴打。只有爱才能温暖他那颗暴躁的心。从那以后，我面对他的时候总是微笑，说话也格外温柔，常常有意识地和他一起活动，让他感受家庭所不能给予的母爱和温情。针对他家的情况，我多次登门家访，跟他的奶奶和父亲讲述他在学校的表现，哪怕他有一点点的进步，我也要讲给他们听，请他们配合我的工作，还孩子一个自己的空间。家长在我反复的劝说中，不好意思了，做法改进了不少。但也时常有做不到的时候，每当这时，我就把他领回家，让他在我家睡几天，趁机多帮他补补课。生活中，我常常在给我儿子买好吃的时候，也给他买一份。六一给他买来新书包、新文具……慢慢的，我发现浩然变了，他很少打其他同学了，作业也写得工整多了。而且，他在运动方面的特长也显现出来，在我和体育老师的帮助下，他成了校体育队的一员，从此他不再是我们班的捣蛋鬼，而是为学校增光的体育生！

这件事，使我懂得了以平等的尊重和真诚的爱心去打开特殊学生的心门是多么的重要。此时，教师，这个神圣的称呼，它如磁石一般紧紧地吸引着我。为了更好地做好班主任的工作，我积极学习先进的教育理念和方法，渐渐地我懂得了对待学生的教育，不仅仅需要老师耐心的教导，爱心的奉献，不只需要公正公平、理解宽容、幽默鼓励，更需要班主任充满智慧的塑造！我曾利用所学到的"作茧自缚"的方法教导个性极强的小豪,利用"因人而异"的教育策略帮助小哲修正自闭的心理,运用"激将法"激励令睿同学振作向上,奋起直追……回想一幕幕教育的片段,留给我许多玩味和感慨,我想,对待那些特殊的孩子,尤其需要我们老师的爱与智慧,了解他们的长处和短处,理解他们的思想和感受,小心地接触他们的心灵,赢得他们的信任,只有依靠恰当的教育方法,才能引导这些孩子走向成功的彼岸。

不过,为人师者除了要关注学生的思想教育之外,知识的传授也是重中之重。为了提升自己的教学水平,我借阅了一摞又一摞书籍,做了一本又一本读书笔记,一桌一椅、一盏小小的台灯,伴我度过了一个又一个静读的夜晚,多年的边教课边学习,我的专业知识突飞猛进,它们积聚着沉淀于心底,帮助我前进,陪伴我成长。2008 年,我在"雏鹰杯""进取杯"语文教学大赛中分别获得一等奖;2009 年,在"精英杯"教学大赛中获一等奖;2011 年,获"卓越杯"教学大赛一等奖。

作为市级语文学科带头人、市级语文学科骨干,我时常代表学校,迎接上级领导的检查与视导。几乎每一次大型的迎检工作,我都会承担极为重要的任务,其中,很多次还是很棘手的任务。2010 年,对于我来说更是一个无比忙碌的一年。恰逢香坊区质量年,各项教学精益求精。8—10 月,我代表香坊区参加哈尔滨市首届语文教师素养大赛,与另外 4 位来自不同学校的语文精英一起,磨课,背题,演练……多少个不眠之夜,最终功夫不负有心人,我们取得了全市特等奖第一名的好成绩!9 月,我代表学校在全区岗位大练兵总结大会上展示《蓝鲸的眼睛》班级读书会。9—11 月,"卓越杯"三轮比赛,我一路闯关,冲到决赛,取得一等奖的佳绩。11 月中旬,我校迎接全省标准化标兵检查,我又代表学校以《火龙》一课作教学展示。12 月初,我参加哈尔滨市"名优教研员、名优教师"支教工程，到木兰、通河两县支教；12月末，我在全区"卓越杯"总结大会上作"名优教师成长汇报"；2012年，我被光荣地评为香坊区"十佳名优特色班主任"，我的事迹在全区作巡回汇报。

任务一项连着一项，压力一重接着一重，可我没有被任务压倒，没有因为任何原因推卸我的职责。尽管休息的时间少之又少，顾不上家里，顾不上孩子……但是我决不允许自己耽误班级学生的学习。2011年7月，在全区五年级统一期末考试中，语文试卷满分是110个平均点，我班的学生以平均分106.78交上了满意的答卷。同年，在小升初择校考试中，我班共47人，7人考上了工大附中，8人考上松雷奥班，1人全免，1人半免。27人考上剑桥三中，多人减免学费。我为学生们优异的成绩而欣喜，更为他们积极向上，快乐进取的健康心态而欣慰。我的付出，得到了家长们的交口称赞。如今，我正带领着57个一年级的孩子们又开始了我的第四个大循环班级的征程。这些刚刚入学不到一年的孩子们，在今年的5月22日，代表哈尔滨市为来自全省各地的语文教师们展示了一节新颖的"好书推荐读书会"课堂范例，得到了与会专家和老师的高度评价。

回想这17年教师生涯，可以说一路艰辛一路歌。当我看到一个个调皮顽劣的孩子变得积极上进，遵纪守礼的时候；当我带的一个个大循环班级以优异的学习成绩，突出的学习能力为校争光的时候；当我连续多年被评为市优秀教师、市优秀班主任、优秀共产党员、市课程改革先进个人的时候，我深深地为自己是一名光荣的人民教师而自豪。如今，最美教师张丽莉的壮举更是影响着我，感动着我。她在生死关头，临危不惧、舍己为人，用爱谱写了一曲生命的赞歌，用生命诠释了师爱的真谛。她是我们每一名教师的光荣与骄傲。今天，我站在这里，有忐忑也有激动，忐忑的是我所做的是在座的许多老师每天都在做着的事情，很平凡也很普通；激动的是能向各位老师汇报自己多年的教育教学工作，能在各位老师的见证下表达对张丽莉老师的感佩与敬意，我决心，向张丽莉老师学习，永远严格要求自己。在平凡的工作岗位上奉献师爱，用满腔的热忱培育祖国的栋梁之材！我要在班主任这光荣而又神圣的岗位上不断前行，用爱心和智慧，努力做学生良好习惯的养成者，快乐的制造者，幸福的守护者，尽我最大的努力为学生创造一个竞相开放、多姿多彩的童年。

　　谢谢！

（李　清）

小视频　大道理

　　我通过这段视频将对学生进行见义勇为、救人于危难的美德教育，号召学生向姜程威同学学习，争做见义勇为的好学生，同时借此对学生进行安全教育，提高自我保护意识，要科学救援。

　　学生看过视频后，让学生讨论，各抒己见，同学们一定会敬佩赞扬他的救人行为，同时也会看到江面的险情，老师适时总结、引领。

　　同学们，姜程威同学不怕危险、勇于救人的壮举温暖着整个冰城，他是我市弘扬正能量的一座丰碑，他的事迹相继在新闻夜航、中央电视台新闻联播、《生活报》《新晚报》等媒体转载。市教育局授予他"哈尔滨市见义勇为好学生"称号，市教育局局长王长文向姜程威同学颁发了证书。

　　姜程威同学的事迹展现了我们当代青少年优秀的精神品质，他带来的正能量是我们学习和生活的动力，他以实际行动践行了社会公德和个人品德，诠释了社会主义核心价值观。我们要争做姜程威同学这样关键时刻站得出来，冲得上去，见义勇为的楷模。

　　但姜程威同学惊心动魄的救援过程也确实让众人为他捏了把汗，在事后对他的采访中他也说：我真是太冒险了，应该用更加巧妙的方法。他的父母虽感到后怕，但他们仍然支持儿子救人，但是叮嘱儿子救人一定注意自身安全。所以我们在救人时要有自我保护意识，要科学救人。视频中我们看到，一些好心人用围巾、衣服、裤子结衣拴绳，去协助救援，这个办法就很好。救援落水者，我们要遵循岸上救援优先原则，岸上救援先于水中的救援。我们还可以利用泳圈泡沫等漂浮物作为工具，还要做到自身安全优先，如果不能确保自身安全，也不能确定当时情况，就不建议贸然下水。

这段视频让我不由得想起本月 22 日，梅城的一对母女双双触电身亡，原因就是女儿洗澡时触电，妈妈闻声前去救助，踩着水直接去拽倒地的女儿，也被电死在浴室中。同学们，当发现他人触电时，我们不能直接去拉拽触电人，我们应该立刻拉闸，切开电源，也可以用干燥的竹竿、木棍拨开触电者身上的电器用具，使触电者脱离电源。同学们，生活中我们还会遇到哪些突发的险情？如何能够做到科学救援？请同学们回去查找材料。

总之，我们要多积累生活经验，学习生活常识，在他人遇到危险时，我们在挺身而出的同时要头脑冷静，要有自我保护意识，科学救人。

（关秀春）

心灵相约

　　曾经有人说孩子的心是玻璃做的，需要为人师者用心去呵护。确实，作为班主任，工作的直接对象就是学生，学生是有感情的，只有真正走进孩子的心里，与他心灵相约，才能真正达到教育的目的。

　　班级里的谢×同学是一个比较特殊的孩子。一二年级时，她各科的成绩均徘徊在班级中游。三年级时，成绩才刚刚上升，可是由于父母之间逐渐产生矛盾及家庭中的生活困难，使她失去了自信，她感到自己处处不如别人，所以在同学们面前说话都是低声细气的。

　　慢慢地，我发现她的自卑心理越来越严重，总以为自己处处不如别人，在某些方面缺乏克服困难的勇气和信心，渐渐变得不太喜欢与同学交流了。如果不改变她失败者的心态，帮她恢复自信，恐怕她就很难继续进步。

　　新学期一开学，我给自己定的工作目标是：走进孩子的心灵，努力帮助她获得成功。而帮助她走向成功的第一步是多关心她，了解她的精神世界，帮助她发挥自己的才能。在此基础上，进一步去理解她，尊重她，把她作为有个性、有人格、有希望的人予以关心，让她能感觉到，自己的一言一行都是有意义的、值得尊重的。

虽然这个孩子的家庭条件比较困难，但这个学生非常要强，在学习上从不落后，只是每次交费时就会愁容满面，一方面，家里没有钱交不上费用；另一方面，又怕同学知道她家里的情况，看不起她，所以严重影响到她在学校的情绪。

我及时地与她家长联系后，了解到她家里的情况并没有什么好转，每月连吃饭的钱还是要算了又算，只能等谢×妈妈每月开的一点点工资维持生活。她妈妈很不好意思地告诉我，上学期我为谢×垫付的几百元钱，家里一时半会还是还不上。

为了解除孩子的后顾之忧，让她安心上学，开学的第一周，我为她购买了一些学习用品，将自己的一些书籍借给她看，并又为她垫付了一部分的费用。

她母亲表示：以后要从每月很少的工资里抽出二三十元一点点还我。我觉得：这些钱并不重要，每当我听到教室里听到谢×爽朗的笑声，我就觉得我们师生之间的关系更融洽了，也让彼此的心灵拉得更近了。

在解决了学费方面的问题后，我又帮助她在同学面前树立威信。一天，学校要求各班组织集体舞练习，过几天要进行比赛。因为需要临时进行编舞和排练，而且时间很短，所以大家都愁眉不展。我知道谢×从小就喜欢舞蹈，而且之前也参加过一些演出，可能会比较有经验，于是试探性地问问她，没想到她很爽快地接受了任务，而且在之后的比赛中，还带领全班同学拿到了一等奖。同学们纷纷向她投去了惊奇而又羡慕的目光，她也露出了发自心底的笑。这让她沉浸在受人尊重、受人赞扬的气氛中，尝到了成功的喜悦。

就这样，谢×同学找回了应有的自信。这自信又迁移并作用于她的学习，她的成绩也有了一定提高，在上学期的期末考试中，她终于获得了全班最高分。

我们当教师的就是要走进学生的心灵，与他们进行心灵相约，并设法为在某些方面有困难的学生创设鼓励他们前进的环境，精心为他们搭建成长的舞台，让每一个学生埋藏在心底的渴求上进的火花熊熊燃烧。

为人师者，传道、授业、解惑也。在学生的眼中，他们的老师是无所不能的，他们的老师是在任何时候都可以去依靠的。所以，作为教师，我们要走进孩子的心里，让心与心相约，让心与心交流，让他们在自由的世界里，健康快乐地成长。

（顾　爽）

让班级的每一处角落都会说话

　　小苗长成参天大树，需要良好的自然环境；优秀创新人才的成长，也需要良好的育人环境。因此，创建良好的班级文化环境对学生的成长起着至关重要的作用。那么，怎样的班级文化才能为孩子的成长起到推波助澜的作用呢？

　　首先，我根据儿童的心理特点，在对班级管理集体、学生自主文化等方面进行了尝试。比如，选择学生干部是班级管理的重要环节，我既不像传统教育那样，也不采用"竞选制"，只让少数有能力的人获得这种特殊体验，而是像游戏一样，先在班级内实行"值日班长"，让孩子们都有一个锻炼和适应的过程后，再在老师辅导下，按学生个性、能力和特长编组形成班级管理集体，自主分工，每周一组，轮流"执政"。我还将每个执政组的"全家福"张贴在班级墙面最醒目的地方，让所有参与的同学时刻提醒自己要为全班作榜样。

　　其次，我还努力在班级内营造深厚的具有人文气息的温馨氛围。我在班级设立了"小画廊""明星报"等栏目，让学生尽情展示自己的聪明才智，还设有"守纪星、劳动星、助人奖"，师生相互赞赏，生生相互激励，这样具有人文气息的班集体，给每位孩子温馨的感受与进取的情怀。

　　班级文化的主人是学生，只有当学生获得真正自由，才能创造出富有生命的班级文化。这就需要教育者进行呵护，班主任要特别重视与学生以心换心，激发他们用自己的智慧和双手来创设有特色的文化环境。教室，不仅是学生学习文化知识的主要场所，也是重要的育人阵地。可以采用学生轮流或小组轮流的形式来办墙报，让每个学生都有机会参与，从而来表现自己的观点、表现自己的理想、表现自己的美感，让有限的教室空间成为无限的教育资源。

　　除此之外，我也没有放弃窗台这块"教育小阵地"。每天望着窗台上摆满的美丽花朵，总会让师生感觉心情舒畅。与此同时，我还鼓励孩子们自由组合，成为"护花使者"，了解花的生长情况，定期为花盆浇水，比一比哪个小组的花长得最茂盛，开得最娇艳。在这样的小小活动中，不仅培养了学生的责任感，而且激发了他们的生命意识，乐在其中，又美在其间。

　　"随风潜入夜，润物细无声"，班级环境正是学生"隐性"的教育资源，是一本无声胜有声的教科书。只要我们班主任教师愿意用心去思考，用爱去经营，让班级的每个角落都会说话，那么，教室将不仅仅是学习知识的场所，更是浇灌心田的殿堂。

（顾　爽）

谈班集体的建设

　　到新学年开学，几十个本来素不相识的学生被编在一个班学习，这种组合是一种偶然性，我们把这种基本的教学单位称为"班级"；经过一段时间后，不同的班级会呈现出不同的风貌，这却是由教育者的工作所体现出来的必然性，我们把这样的班级称为"班集体"。我想，在这里我们所说的"班集体"，不能简单地认为它是一个学校的基本教学单位，也不能认为它只是单纯的德育组织，而应该是集教育、教学和个性发展于一身的有机统一体。它以对学生的研究为出发点，以对学生的教育和发展为目的，教育与教学互相协调，全面发展与群体的共同进步互为条件的教育组织和教育系统。在这样的集体中，大家有共同的追求、共同的荣辱、共同的精神支柱、共同的心理依托；成员之间互相友爱互相帮助，每一个人为集体的挫折感到由衷的难过与忧虑，集体为每一个人的成绩感到由衷的欢喜与自豪。一个班级只有当它的每一个成员都充满了这样的责任感，从而使整个班级形成了强大的凝聚力时，才能够称得上是一个真正的"班集体"。

　　良好的班集体它不会自发地形成，而是要经过班主任的精心组织和培养才能逐步形成和巩固。班主任在这里既是知识技能的传授者、思想品德的培育者，又是班级工作的组织者和指导者。那么，如何才能把一个几十人的组合组织和培养成积极向上、团结凝聚的"班集体"呢？

一、建立和谐平等的班级人际关系

人与人之间的交往只有建立在平等的基础上才能持久、真诚、和谐，同样在一个班级中，如果没有和谐的人际关系，要想建立一个良好的班集体几乎是不可能的。这里所说的班级人际关系，既包括师生关系，也包括学生与学生的关系。

有人认为，师生之间不可能是一种平等的关系，我们不是常说教师是主体、学生是客体吗？的确，从教育与被教育、传授知识与接受知识的角度说，师生的主客体关系是显而易见的。但是教师与学生在尊严上是不分高低贵贱的，师生在人格上应该彼此尊重，在思想上应该互相沟通、交流。教师只有把自己置于集体一员的位置上，努力使自己成为与学生人格平等、心灵相通、感情交融的朋友，才能让学生感到老师是在和他们一起建设美好的班集体，这样学生就会对班级产生一种归属感和依恋感。

学生之间平等的人际关系主要是通过教育学生互相实现的。教师要引导学生真正认识到，人与人之间的智力、才能、性格等虽然存在着差异，但每个人的尊严是绝对平等的。提倡集体成员之间平等时候，要特别关注那些所谓的"后进生"，班主任教师应该善于帮助那些"后进生"，发现并发展他们自己独特的潜能，以此唤起他们内在的尊严感，使他们产生"天生我才必有用"的自信与自尊，从而形成真正的广泛的平等意识。

二、确立班集体的共同奋斗目标

一个班集体的建设仅仅靠融洽的情感显然是不够的，作为班主任，我们还应该善于把学生对集体的热爱之情转化为对集体的责任感，使学生具备这样的认识：我既然热爱我的集体，我就应该让它越来越好。正因为班级中有了共同奋斗的目标，同学们就有了行动的准绳。既然是班集体的共同奋斗目标，当然应该由这个班级的所有成员来确立，这当然也就包括了班主任老师和全班同学。因为班主任老师只是充当引导者的角色，所以，这个共同的奋斗目标绝不能由班主任一手包办，学生才是这个班集体的真正主人。因此，目标的提出应该来自学生，这样才能使学生真正从内心去为班集体做好每一件事情。

三、开展丰富的班集体活动

学生的主要任务是学习，但并不是说学生除了学习就是学习。如果学生在一个班级中除了上课就是考试，除了学习就是读书，我想没有一个学生会喜欢这样的班集体。诚然，学校生活的主要内容应该是学习，但要想使学生把学习的主动性发挥出来，使学生乐意在这个班集体中认真地学习，这就需要我们能够为学生营造一个具有浓厚学习气氛的环境，这个环境也就是我们的班集体。怎样才能使学生主动的认真的学习呢？单单对学生进行空洞的说教肯定不会有什么成效，如果我们能够通过开展一些生动有趣、寓教于乐的活动，让学生在这些活动中受到潜移默化的影响，一定会收到"无心插柳柳成荫"的效果的。其实，看似无心插柳，却是早有准备，否则怎么会达到预期的效果呢？记得为了调动学生学习的兴趣，我曾经多次利用班会课和第七节课，组织学生进行过朗读课文和表演课本剧的竞赛，制作简易教学模具的活动，以及利用数学原理进行实地的测量。这些活动使学生感受到了学习的乐趣，也使学生在集体成员的协作中进一步地感受到班集体的力量。当然，除了开展类似的学习活动之外，我还会组织学生开展一些文体活动，以更好地丰富我们的班集体生活，让学生始终感受到班集体的生机和活力，从而使学生对班集体产生依恋感和归属感。

四、利用班干制度培养学生自我管理能力

作为班集体的领导者和组织者，班主任不是面面俱到才是认真负责的表现。如果班主任老师对班上大事小事，事事都管，就会抑制学生的主体性和能动性的发挥，必然会引起学生的厌烦感和逆反心理，导致班级管理的低效、被动，形成一无班主任就无法正常运转的尴尬局面。所以，班主任要善于放手，努力营造民主和谐的班级环境，激活学生的主体意识，让学生在积极参与中自我教育，实施自我管理，锻炼自主意识，形成自立精神，从而提高班级管理的效果和水平。在发挥学生主体作用进行自我管理方面，我采用的班干制度是"轮流执政制度"。即根据每个学生的特点，寻找机会安排学生当干部，尽量让每个学生都能够有机会独领风骚，大展才华。在学生任干部期间，班主任老师要努力创造条件让学生干部独立处理班级事务，组织各种活动，设法让学生在创造性的工作中看到自己在班级中的位置和作用，让学生在成功的喜悦中体会到为集体奉献的幸福，这样会使学生对班集体产生更加深厚的感情。

一个班集体的建设是一个长期的、持续不断的过程，在这

个过程中需要我们不断地总结、不断地积累经验、不断地更新、不断地进取，这样我们的班集体才会在师生的共同努力下越来越团结、越来越有朝气，才会使我们的学生拥有一个积极向上的集体环境。

（顾　爽）

新时期小学班主任工作的策略初探

班级作为学校教学活动的基础单位，班主任管理水平的高低，对学生健康全面的发展，对完成教育和教学的各项任务起着举足轻重的作用，因此，开展策略研究是十分必要的。

随着学生年级的升高，在这一年的班主任工作实践中，我有了一些新的体会。高年级与低年级不同，我个人觉得：学生在低年级时，班主任的教育工作主要就是学生的常规养成教育。而到了高年级，学生逐渐长大，思想也逐渐成熟，就会随之出现一些新问题，这就要求班主任也不断变换教育方式，更新管理方法。

在不断摸索的过程中，我总结出了一些方法，那就是：要做好班级工作，应该坚持"一个标准"，调动"两个积极性"，发挥"三套班子"的作用。

一、坚持"一个标准"

这就是说在处理班级事务时，尤其是奖惩方面，对好学生和后进生应使用一个标准。通常好学生比较容易受到偏爱，而"后进生"常使老师产生偏见，所以班主任执法，一定要公正，要一碗水端平，如果处理偏颇，就会助长好学生的坏习惯，压抑"后进生"的上进心。不少学生喜欢当班干就是觉得很威风，可以说了算。面对这种情况，我在每次班干竞选时，都重点强调，无论是哪个班干，主要的任务都是做老师的得力助手，为班级和同学服务的，必须有高度的责任心、无私的宽容心和无限的爱心，做到"严于律己，宽以待人"。所以，我一直坚持这一个标准，对好学生和"后进生"的错误和缺点一视同仁，甚至对一些班干学生要求得更加严格，坚决杜绝班干部利用自己手中的权力在班内欺负其他同学。并提醒他们：在个人利益与集体利益或他人利益发生冲突时，不斤斤计较，要宽容大度。刚开始，很多班干或成绩好的同学都觉得委屈，认为同样是一个班的学生，为什么自己总是要处处让着别人呢，总是忍气吞声多没面子呀？时间长了，他们就慢慢地发现，正是因为他们的宽容、大度，才使得班级里少了争吵，多了和气。他们的宽容和无私，不但没有为自己"丢面子"，反而为自己赢得了更多同学的支持。而那些经常发火，耍小脾气的同学也渐渐感觉到，同样是一个班的学生，大家都应该一样，自己也不是小孩子了，不应该总让别人让着，就会有意识地纠正自己的言行。这样，同学之间就更团结了。而我的这种做法，不仅受到了学生的尊敬，更赢得了班干部的理解和后进生的信任，在班内树立了良好的班风。

二、调动"两个积极性"

这里指的是学习的积极性和参加活动的积极性。

（一）结对子，调动学生学习的积极性

我鼓励学生和与自己水平相当的同学互相比着学，而对于

"后进生"，与其他同学结成一帮一的对子，每天进行辅导，并将他们每个小组的学习成绩都制作成了统计图表，张贴在教室的墙壁上，让学生能根据成绩曲线图，很清楚地看到自己是进步还是退步了。当我张贴上这个统计图表后，我就发现，每节课下课，都有学生站在这个曲线图前，看看表示自己的成绩的那个点在什么位置，同时，还不忘看看自己的几个"竞争对手"的点在哪里。我们班的一名同学很聪明，但也很爱马虎，所以每次数学考试都与100分擦肩而过。当他看到自己成绩的那个圆点都已经挨到百分的那条线，可就是不在线上时，非常懊悔，指着百分线信誓旦旦地对我说："老师，下次月考，我一定要让自己的点成为全班的最高点，把它放在最上面的这条线上。"每次他打98或99分时，都觉得很后悔，当我看到他这次的信心很足，我也很高兴。果然，在下一个月的月考中，一向爱马虎的他，真的如愿以偿地得了100分，他高高兴兴地跑到我面前说："老师，这回我的那个点是最高的了吧！"看到他的高兴劲，其他同学都非常羡慕，连我们班平时最不爱学习的同学也和我表态，下次考试绝不做最低点，那样会给班级拖后腿的，太丢人了。看来，这一张小小的表格还真起到了作用，在班级内形成了"赶、比、超"的良好学风。

另外，班里每周成绩最好的同学和进步最大的同学，我都会在墙壁上的"出类拔萃"光荣榜上给他贴上照片，以此来调动学生学习的积极性。从我开始公布上榜条件的那天起，就有不少学生迫不及待地拿了自己最满意的照片放在我这里保存。尤其是我们班成绩很好的一个男生，早早地就拿了好几张照片给我，期末考试前，我告诉他，他拿来的那些照片只有两张贴在了光荣榜上，还有好几张在老师这呢，什么时候才能都张贴上呢？他倒是和我讲起了条件，让我答应，把这次期末考试中各科打满分的同学的照片都贴在榜上，我答应了。他是我们班一个非常聪明的孩子，对于数学还没什么问题，可是一提到背诵的东西就头疼了。我就鼓励他："老师手里还有你的七八张照片，如果你各科都拿满分（包括数、语、外和小科），这些照片就都可以贴上了。"虽然我这样鼓励他，但我自己也觉得，要把这些科都达到满分是不可能的，即使想达到四五科满分也不容易。最让我意想不到的是，成绩出来后我才惊喜地发现，一共7科成绩，他打了5科满分，数学差了1分，但仍是全班最高分。为了对他进行鼓励，我亲自为他颁发了"小状元"的奖状，并为他照了相，下学期开学时，我要把这张领奖状的照片贴在光荣榜上最醒目的位置上。让全班同学都能从他的这个事例中受到启发，共同进步。

班级里的很多学生对写作文很头疼，为了鼓励他们学好作文，我就特意把学生的优秀习作收集起来，自己进行了排版打印，编成了一套习作集，定名为《梦想不再遥远》，并为它写上了序。我这样做，就是想鼓励学生学好语文，把习作当成是一件快乐的事，其中，第一本是《初春萌芽》，第二本是《阳光的记忆》。为了调动学生学习的兴趣，我还为其中的习作配上了精美的插图。当学生看到这本图文并茂的作品集中出现自己的作品时，都非常兴奋，而没有入选作品的学生，也各个是摩拳擦掌。在家长会上，当家长们拿到这本作品集时也是爱不释手，对孩子在语文方面的进步赞叹不已。

（二）调动学生参加活动的积极性

首先，要尊重每个学生，在课余时间要尽量多深入学生中，与他们一起交谈、游戏、活动，使他们与我能无拘无束地相处，师生间像朋友一样，有什么不想和家长说的事都愿意和老师说，我和学生之间的关系就像是一家人一样，让学生感受到了，只要有他们在的地方就有老师在。教师节的那一天，很多孩子都为我送上了自制的卡片，上面写上了自己最想说的话，我把它都收集在了学生的习作集里。其次，要求全班同学都参加日常管理，形成轮值制度，每个人都有机会履行班级管理职责，为管理好班级献出自己的一分力量，比如班干轮流制度等。第三就是在各项活动中尽量不冷落任何一个人。因为我觉得每一次活动都是一次很好的德育教育的机会，在活动中不仅能培养学生的能力，更能增强学生的集体荣誉感，增加班级的凝聚力。比如这次的跳绳比赛，比赛前两天的体育课上让体育老师帮着选人时，班里的女同学还没有一个会跳前连二的，选人时出现了空项，结果学生非常着急，几个比较灵巧的女同学就每节课下课都和男同学学跳连二，其中有两名女同学当时还正在生病，但她们还是坚持练，有几名科任老师都和我说，这几个孩子因为生病，在上科任课时都吐了，可是下课时还是坚持练，看到学生练得这么起劲，我也向体育老师借了秒表，每节课下课都给他们计时。"功夫不负有心人"。跳绳比赛中，学生取得了不错的成绩，尤其是女生，从不会连二到比赛时能跳四十几个，付出终于有了回报。比赛成绩公布时，共7个项目中，我们班创了6项记录，学生们都非常高兴。他们明白：只要付出就有回报。在这次活动中，学生们比以前更团结，也更有信心了。在象征性长跑中，学生们喊的口号是"文明班级，向前冲击"，这是在去年长跑中由学生自己创编的口号，从中可以看出，在学生的心目中，一个好的班级首先必须是一个文明的班集体，更要有永不服输的冲击力和自信心。

三、注意发挥"三套班子"的作用

这就是指班干部、科代表、小组长的作用。这三套班子是班级的中坚力量，他们的模范作用如何，他们对班级管理的成效如何至关重要。每名班干都有明确的分工，只互相配合，不互相干涉。比如：即使你是班长，只要是你们组组长分配给你的任务，你也要服从，并积极配合，认真完成。每个月的最后一周班会时间，班内都会进行挑战班干，无论任何人，只要觉得自己可以，就可以挑战原有的班干。这对普通同学是一个机会，一个激励，对现在的班干是个促进，让他有危机感。像我们班的××同学被挑战时，虽然守擂成功，但是看到原来得到的选票已经有一部分外流了，他就主动和我说："看来要想下次再成功，不仅要在学习上多努力，还要在其他方面多动脑，多下功夫了。"在选举班干时，我坚持人人平等，力求把大家信赖的好同学推选出来，使他们一开始就能得到同学的支持。

另外，每次主题班会、大型活动都放手让学生去组织。要求班委会成员全部亮相并轮流登台，使每个人都能策划活动、主持活动，锻炼和培养学生的才干，把班级各项活动开展得形式多样，有声有色。

而科代表和组长则要全力配合班干工作，并根据自己组的情况，进行管理。在我们班中，组长在各方面的实力都是最强的，因为只有在这个组中表现最出色，才可以管理这个组，做一组之长。

有人说过："如果一个孩子生活在鼓励之中，他就学会了自信；生活在表扬之中，他就学会了感激；生活在认可之中，他就学会了自爱。"所以我觉得，作为班主任，对待学生要以鼓励为主，并根据新形势和自己班级的实际情况不断更新管理方法，有时，真的需要多动些脑筋，想些好办法。以上谈的只是我在班主任工作中的一些做法和体会，作为一名班主任，我有很多工作方法和策略还需要不断地学习、揣摩和探索，我将继续在实践中探索总结行之有效的方法和经验，使自己管理班级的水平不断跃上新台阶！

（顾　爽）

一个离异家庭孩子的转变

事件叙述：

班级里的宋××同学，学习成绩极差，自幼父母离异，与父亲、叔叔、婶婶、奶奶和妹妹一起住，而父亲由于工作关系经常不在家，所以很难管教孩子，只由奶奶一个人照顾孩子。因为奶奶不识字，所以他经常骗奶奶说"老师没留作业"，或者"作业早就在学校写完了"。说谎已成了他的家常便饭，经常不写作业，偷拿老师和同学的东西，上课说话，随便吃零食，在同学中霸气十足，谁都不敢惹他，时常欺负同学。每次他打了同学后还不算结束，回家还骗奶奶说是别人把他给打了。

干预的措施和解决的方法：

母爱式教育法：著名教育家苏霍姆林斯基在谈到"后进生"时曾说过："这些孩子不是畸形儿，他们是人类的无限多样化的花园里最脆弱、最娇嫩的花朵。"因此，对品德不良学生要用全面发展的观点看待他们。该同学由于家庭离异的影响，导致许多不良行为，所以我认为这时候老师应从根本上入手，要多给予他爱。寻找一切可能的机会，帮助他、关心他。无论课上、课下、活动中、娱乐时，都注意从感情、态度和语言等各方面表现出对他的信任、关心与尊重，经常为他补习功课……教育工作中最重要的不是理性的说教，而是师生感情的交流与交融，要有兄弟姐妹般的感情，要有父母对子女般的感情，没有深沉强烈的感情，不可能创造出教育的诗篇。让他感觉到我们无时无刻不在关心他。俗话说："日久生情"，对他母爱式的教育，能使他改掉身上的许多缺点。只要真正关心、爱护、帮助、理解学生，取得他们的信任，是一定会收到效果的。

示范式教育法：我们知道榜样的力量是无穷的，让好学生的一言一行、一举一动都左右着宋××的视线，所以我便以别人的优良品质和模范行为对其进行心理教育。采取迂回战术，这时就要在好学生身上下功夫，对其严格要求，使好学生能很好地去感染周围的人，让"近朱者赤"，从而去改变他的不良品行。

立体式教育法：所谓立体式教育，是指学校、家庭、社会三位一体的全方位教育。只有三者结合形成教育的合力，对品德不良学生的教育才能奏效。在教育中，我们应及时和家长取得联系，并注意不告状、不揭丑、报喜不报忧，共同探讨教育孩子的方法，共同制定具体措施。避免请家长—骂学生—无进步的恶性循环，求得家长与老师的配合，密切学生与老师、学生与父母、学生父母与老师之间的关系。

严爱结合式教育法：关心热爱学生，并不等于迁就袒护学生的缺点和错误，放松对学生的要求，必须对学生严格要求。严格要求不是"严厉"，不能以老师的权威压制和强迫学生，而是以平等关系热情关心和耐心帮助。在引导教育的基础上使学生理解要求和管理的善意，让他理解你是为他好，自然也会按照要求去做。

鼓励式教育法：注意挖掘他身上的闪光点，及时表扬和鼓励。如看到宋××关心爱护集体，就让他当小队长。学习有进步时，及时在班内表扬他，让他有成功的体验，树立起自信心，有时用一个眼神、一个小动作等细微动作激励，这些都有助于他的进步。

教育结果：

经过以上的努力，宋××同学在各方面表现有了一定进步。改掉了一些不好的习惯，一般情况下可以完成作业。学校组织的活动能够积极参加，下课能主动与同学一起做游戏。

个人见解：

在学校德育工作中，不可不注意对学生的心理教育问题，德育工作如果有牢固的心理基础，很容易收到事半功倍之效。德国教育学家乌申斯基曾经说过："教育的主要活动是在心理和心理——生理活动现象领域内进行的，一个优秀的教师，应该了解每个学生的个性心理。开展心理诊断，能客观地、准确地鉴别问题学生的心理病因，有针对性地做好学生的德育工作。"

作为教育工作者，应高度重视心理健康教育，自觉地把心理学原理融入班级教育管理之中，使学生身心得到全面健康发展。教师的记录本上不应是成绩的简单记录，而应记下学生的优点、缺点，做到心理教育人人有责，有的放矢。

（顾　爽）

守望成长

——航航成长记

各位领导、各位老师：

大家下午好！非常感谢校领导给我这次机会，跟大家来分享我的教学工作中的一些收获。

有人说：爱自己的孩子，是母鸡都会做的事。但是像母亲一样爱别人的孩子，却是圣人的行为。我们不是圣人，但职业的特殊使得我们像母亲一样爱每个学生。其实说老师伟大，我觉得一点都不为过。因为我知道我们在座的每位老师每天都在自觉或不自觉地扮演着母亲的角色，职业的责任感让我们发自内心地关心和爱护着每个孩子。因为孩子都是家庭的宝贝，是父母们的希望。我想老师的这种爱已经超越了责任，它更是为人师者的一种幸福的奉献。今天，我分享给大家的是——守望的成长，我班的宝贝航航的成长故事。

"航航"叫张航硕，老师和同学们都亲切地叫他航航，我想这个名字承载了他的妈妈、爸爸多少的期待和梦想呀，他们多么希望自己的儿子也能跟其他正常孩子一样，正常地成长，正常地学习，正常地考学，正常地工作，正常地娶妻生子呀……但是他跟正常的孩子却不大一样，他先天传感神经和肢体神经的不协调，乍看上去，懵懵懂懂的……但是他是那样的善良、天真、可爱。

记得，刚入学时，校长就把他送来了，第一次看到他，让我很吃惊，大大的眼睛，怔怔地看着你，站在那里，瞅着他就像要随时摔倒的样子，走起路来，像喝醉了酒，栽栽歪歪的，一看他就和别的孩子不一样……我吃惊地望着校长，从我的眼神中，校长读懂了：这样的孩子不是应该有他该去的学校吗？校长也很为难地开口了，"把这个孩子放到你们班吧。"他的妈妈很紧张地看着我，在他妈妈期待的目光中，我看到了一位母亲的无奈和被接纳的渴望，再次看看他，他那天真无邪的目光让我无法拒绝……就这样他坐到了我们班级，我安排他坐在离我最近的地方，跟他的妈妈简单了解了他的情况，他的妈妈走了，他追出去，望着妈妈早已消失的背影，发了一阵呆，又无奈地回过头摇摇晃晃地坐到自己的位置上……我也很无奈，原本班级就有一位被妈妈封闭很久不与小朋友交往的不懂世事的郑嘉浩，总给班级添乱，这又来了一位让人更头疼的。

不过我欣喜地发现他能把衣服脱下来叠得很整齐放到小柜里，也能自己穿上，看来家长为了让他能够适应学校生活，提前做了很多训练和准备，用心良苦的家长。不过，随后的日子，问题一天天就暴露出来了，这个小家伙，上课不到10分钟就坐不住板凳了，不管你上课不上课，总下地，不听课，想说话就说话，不分时间地点，在教室里任意穿行，而且为了逃避学习总往卫生间跑，我想他认为在那里他能自由些吧，为此，也引来了科任老师的不满，科任老师虽容忍他随便下地但总担心他一时不见了，上哪里去找他，丢了怎么办？责任呀！有的任课老师说：这怎么上课，这孩子怎么能上我们这样的学校，这不是遭罪吗？应该去他应该去的学校呀！但经过几天的接触，我们已经有了感情，他下课后总会跑到你的身边，仰着小脸，让你给他擦大鼻涕，刚上学他有些上火，总流大黄鼻涕，擦得手背和衣服上都是，每次给他擦鼻涕，我都逗他说："航航什么时候不用老师擦了，你就长大了"，他就会很认真地扬起小脸问我："那我什么时候长大啊？"他是多么盼望着自己也同别人一样快快长大啊！那一刻，我发自内心地心疼这个孩子。与这个孩子的交流真是让我欢喜让我忧啊！最让人头痛的是上厕所不提裤子，光着小屁股就往教室跑，吓得我赶紧迎上去帮他提起来。同学们哄堂大笑，刚开始他还不懂，看同学们笑他，他也乐。我郑重地告诉他：小屁屁是不能让别人看到的，尤其是女同学，男女是有别的，他们会笑话你的。他也似懂非懂，我索性只要他去卫生间，我就跟出去，看着他把裤子提上去再让他进教室，人们常说好习惯坚持 7 天，可航航却强化了近一个月的时间，才算知道提上裤子再进教室。为了他能坐住板凳，正常听课，最初我也大声地呵斥他，跟他发脾气，每次他也像听懂了一样怕怕地盯着你，但是我也同时发现他总扣鼻涕往嘴里放，揪头发，前额头的头发让他揪得光秃秃的。我想他是紧张吧，他用这种方式消除他的不安的情绪。静下心来我想他需要更多的是老师的关爱理解和同学们的友爱，我现在就好比牵着蜗牛去散步，一定要耐心再耐心些……

　　一次有一名同学吃中药，很苦，我就随手给了他一块冰糖，这时航航跑过来说："我也要"，抓住这个契机，我告诉他：航航表现好，上课不下地才给吃糖。他天真地点点头，回到座位坐好，这节课，他空前地安静，竟然一次卫生间没去，坚持了 40 分钟，当把冰糖放到他嘴里时，我告诉他：这块糖，不是普通的冰糖，这是航航努力得到的，努力的成果最甜了。他似懂非懂，但他很开心。他能感受到老师是喜欢他的，是爱他的。小粘贴在航航身上也派到了大用场，当他完成了课上的作业就给他一个小粘贴，当他不接话正常回答问题时，就让他挑一个自己喜欢的小粘贴，当他不随意下地时，当他眼睛看黑板时，当他吃饭吃得干净时，只要在他自身行为习惯进步时都会得到小粘贴，他的妈妈也会配合老师郑重其事地跟他数粘贴，同样的他也会被扣除小粘贴。每一天他都要给妈妈得回几个小粘贴，在得和失的过程中，航航渐渐地坐住了板凳，尽管他手脚在桌子下面一直在摆弄，但他的思维却渐渐地跟上老师的步伐，看他溜号的样子时，你提问他，他竟然都能回答上来，他是一个靠听觉学习的孩子，他能听到班级的各种声音，他会挑他最感兴趣的事物去听，这也是他有时回答不上问题的原因。在他的身上我深切地体悟到：表扬和肯定的力量远远要比批评和要求的力量大得多。

刚上学，他的书写能力最成问题。同学们不费吹灰之力就会写的 1、2、3、4……对他来说，就是一个无法逾越的鸿沟，由于他传感神经和肢体神经不协调，写"0"时，别人一两秒写完的事，他握着笔半天还没封上口，一个 0 要描画几分钟。课下，我就把他抓过来，禁锢在我的怀里，坐在我的腿上，把着他的手，把课上的数字反复地练习。每天孩子们 10~20 分钟的家庭作业，他就要写上一两个小时，尽管这样他还是努力坚持着，在家里妈妈始终如一陪伴他完成作业，为了跟上班级的课程，以他刚写字的速度有时写到半夜……就这样歪歪的数字，扭扭的文字就呈现在我面前了。我还动用孩子之间的互助，他的第一个同桌是我班的学霸周云帆，小姑娘又干净又漂亮，学习又好，每次都打 100 分，是同学们学习的偶像，她是航航第一个同桌，航航最听她的话了，他一闹情绪不爱写作业，我就让周云帆监督他，他就会乖乖地听人家的话写作业。

说起他的同桌，真不少，就是因为他的好动，怕无形中影响同桌学习，所以我会定期给他换同桌。先说说周云帆吧，周云帆特别讲卫生，吃水果都要戴一次性手套……可是我们航航就让她大跌眼镜了。航航妈妈为了不断地锻炼他的协调性，要求他用筷子吃饭，其实正常一年级的孩子现在都不大会使用筷子，更何况他了，每次吃饭，航航都要把饭吃得里出外进的，满手满脸满嘴满衣襟满桌子都是，烦得周云帆不敢直视，我也觉得惨不忍睹，但没办法，我就得帮着他收拾桌面的残局，边帮他整理擦洗手脸和衣襟，边对同学们做工作：航航多了不起，会使用筷子了，还知道整理餐具，相信航航会越来越好的。在我的带动下，我班的同学都很友爱，课下拉着他去玩，看着他不让别的班级同学歧视欺负，拉着他一起做游戏。他还有两个同桌，一个是戚君豪，一个是刘秉颐，这两个同学都很朴实善良，他们两个主动帮助航航整理错乱的书包，看航航打饭后因走路不稳，总是洒洒拉拉的，就帮他打饭，帮他捡起烦心时扯碎的小纸片，出去玩时怕他摔倒领着航航的手下楼，上课铃响时拉回意犹未尽的航航归队回教室……他们成了航航的好朋友，航航渐渐地融入班集体，成了集体中备受大家关注的一分子，他也时时给大家惊喜，当我考同学们识字时，有的同学答不上来，他竟会脱口而出，口算接力轮到他时，他也会毫不犹豫地说出正确答案，每每这时大家都会给予他热烈的掌声，在掌声中，在关爱中，他每天都会高高兴兴地上学来、快快乐乐回家去，就这样一个学期过去了，迎来了期末考试。

　　这是航航第一次参加期末考试，为了这次考试，他的妈妈为他备考了很久，但是他是一个依靠听觉的孩子，再加上肢体的不协调，字写得很慢，就是在他全会的基础上，在规定的时间内他也很难答完试卷。在考试的前一天晚上，航航妈妈说：他翻来覆去睡不着觉，反复问妈妈："明天是期末考试吗？"好容易睡着，早晨却3点多钟就醒了，爬起来，爬上窗台，向学校的方向眺望，望了很久，问妈妈："天怎么还不亮呢？我们今天别迟到呀。"航航妈妈把他这张照片发到了群里，说她的心都被儿子给焐化了。看到这张照片我的泪水也不禁噙满眼眶，上帝给航航关上了一扇门，同时也给他打开了一扇窗，打开了一扇向往成长、向往知识、向往外面世界、向往快乐的窗。考试铃声响起，他拿着笔迟迟没动笔，监堂老师很着急，这不写怎么办啊，没办法我过去了，看到我，他像吃了定心丸，我问他："航航是想跟关老师走，还是留在班级答卷？"他说："我不走，在班级答卷。"我告诉他："这些题你都会，一定没问题的，先把你会写的写了。"他用力地点点头，开始答卷了。在监堂老师的督促下，他把他能做的都写了。考试结束后我把他拉过来，坐在我的腿上，我读题，他写，在放学时把没写完的试题都答完了，这套卷子他打了"良"，航航妈妈看到我给她传过去的试卷时泪流满面，坚持和执着为航航打下了后续学习的基础。

　　到了二年级，学习的任务更重了，为了逃避学习，他时常呆坐一节课一笔不动，我也会毫不留情地砍掉他最喜欢的图画课或是体育课，领着他到办公室去写，在较量中他看逃不过，也就写了。有些时候，他状态不好，一天都不写一个字，在这种情况下，就飞书给他妈妈，让他妈妈监督完成，每当这种情况，他妈妈都会积极配合老师，无论多晚都要他完成，他吃了苦头，就会好一阵子。有时他把妈妈也气得抓狂，他会故意不把作业卷子带回家，妈妈就会责令他自己和阿姨来取回卷子，在家实在不愿写，回到学校，我就会取消他大课间和午休玩的时间，要知道他是最愿意和同学们玩了，为了能出去玩，他什么都肯做。到了三年级，我暗暗为他捏了一把汗，在这个爬坡阶段，真怕他坚持不住掉队，他一旦不学习，就只会淘气了，那我们任课老师就遭罪了，不过还好，他能坚持坐在椅子上，一节课偶尔上趟卫生间，课上还能跟住老师学习，上学期我录课，回放课时，能清晰地听到他自言自语回答着我的问题，但书写作业更拖沓了，因为生字越来越烦杂，计算也越来越难，思考的问题也更深入，他很难独立完成了，这样课下的时间也时常坐在我身边写作业，一天午休，外边天格外的蓝，困在教室的航航待不住了，抱着我的腰，抬着小脸，笑眯眯地乞求说："让我出去玩玩吧"，我也正想让他放放风。"那你回来要抓紧时间都补上，否则……没有第二次！"他答应一声，声落人也没影了，当他回来看到我时，满脸都是灿烂的笑，站在我身边，趁我不注意，还亲了我一口，看他如此的幸福和快乐，我很感动。这天的作业写得很快，看来他情绪好，效率就会很高，我和航航也时常这样讲好条件来完成当天的课堂作业，一个学期下来，语文他能够完成基础知识，简单的阅读也能做，数学稍繁杂的经常练习的题都能作，只是复杂的应用题还转不过弯来，但这对于他来说，已经是很不容易了，希望他这学期继续努力，取得更大的进步。

爱是阳光，能融化冰雪；爱是春雨，能滋生万物；爱是桥梁，能沟通师生和家长的心灵。为了航航的成长而共同努力过程中，我和航航妈妈既是家长和老师的关系，又有了朋友间的亲近。

刚上学时航航懵懵懂懂的样子，再加上他总是爱在卫生间里逗留，自然也引起了其他班级淘宝们的关注，一天他从卫生间回到教室，低着脑袋，扣着手指头，怔怔地走到我面前说："老师，他们都说我是'傻子'。"他似懂非懂，但他知道这不是好话，看到他委屈的样子，我情不自禁地把他搂在怀里，认真地告诉他："航航不傻，航航多聪明啊，什么都会！走，老师领你去跟他们 PK，看谁还能小看咱。"我领着他到我们学年组各个班级转了一圈，跟别的班级同学比口算、比识字，同学们看他竟然什么都会，给予他热烈的掌声，他也从不愉快中走了出来。航航妈妈对这个问题也非常地敏感。一次，她接完孩子没走，难过地对我说："关老师，咱班同学真好，没有一个歧视航航的，而且对他是那样友好。我看到别的孩子，看航航的眼神，冲航航做鬼脸，说的那些不好听的话，我心里很难过。"我很理解航航妈妈的心情，但我还是直言不讳地对她说："我们不能要求所有的人对咱们都好，他们不了解航航，只从外表去评价他，这也是很正常的事，将来航航长大走向社会，也难免遇到这样的人、这样的事，让航航对这样没有善意的人远点，把这样的事淡化些，别让他心里留下阴影，让他做最好的自己。"事情过去很久，航航一直都很阳光。平日里偶尔面对一些别的班级的同学的冷眼和嘲笑，他也不放在心上。去年9月，刚开学没多久，就接到了航航妈妈打来的电话，航航妈妈说，"一宿没睡好觉，实在憋不住了就给老师打电话了。"我问："什么事？"航航妈妈吞吞吐吐地告诉我："航航回家说，高年级的孩子欺负他，还骂他'傻子'。"妈妈就问他："你是怎么想的？"航航说："我长大后，我要杀了他。"航航妈妈很紧张，很担心他。我当时也吓了一跳，怎么会有这样的想法呢？事后，我就做航航妈妈的思想工作。"航航这种情况，遇到这样的事情在所难免，关键就在于我们大人怎么去引导他，一定要让他往健康、宽处想，我们改变不了别人的态度，那么我们就要改变自己的想法，不要去强化渲染这样的伤害，盘问得过多，无形当中就把他带入了阴暗仇恨的一面，仇恨不但解决不了问题，反而还会带来更大的伤害，最好让他用善良化解一切的烦恼。在航航的心田种下善良正直的种子，拔出仇恨，更有利于他的成长"。和航航妈妈交流不多，但他妈妈很听劝，在孩子教育问题上非常配合老师，这件事过后，我也找高年级的老师和孩子做他们的工作，不要欺负这样比自己小又善良的孩子，如果是他讨厌了，就来找关老师，关老师批评他。渐渐地，高年级孩子见他也不逗他了，航航从这件事中淡化出来了，那种仇恨的话也不再说了。

　　航航是个要强的孩子。刚入学时，看他走路不稳，担心他走楼梯摔倒，更担心出现踩踏事件，所以每天放学，我都要领着他，他也很乖地拽着我的手，尽管这样，下楼时也趔趔趄趄的。一晃两年过去了，一天放学，他使劲挣脱了我的手，非要到队伍中去，要跟着队伍自己下楼。我也想：他长大一些了，也应该锻炼他自立。我告诫他走路过程中不能随意停下蹲在地上，这样是很危险的，后面同学不知道摔在你的身上，陆续地就还会有人压上来，压在下面的同学就没命了。他使劲点点头，我让他的好朋友戚君豪拽着他，我在他的这一侧领队，看到他紧张兮兮地跟着队伍，认认真真地走着脚下的楼梯，终于安全下楼了，从那以后，我就在他的队伍前后安排听话的孩子，下楼时跟他保持着安全距离，让前后左右的孩子也随时照顾着他的安全，从那以后，他就独立地上下楼了。张青云老师在二楼值周，他欣喜地对我说：你班的航航，在你班队伍里走都看不出跟别的孩子有什么不一样了，连眼神都活了……

　　是啊！我也早就看到了从里到外的变化，他不但长高了而且更帅了，协调能力更强了，他能够和同学们一起上间操，不随意走出队伍了，还跟着韵律做操；表达能力更强了，对教过他的任课老师，他都会清楚地记住人家的名字，用他独有的连名带姓加老师的方式跟他喜欢的老师亲热地打招呼；还读懂了我的眼神，做错事时，知道偷偷地抬头看看我，当我愠怒地看着他，他就会收敛不当的行为装作若无其事的样子；当我生气时，他会抱着我，忽闪长长睫毛的大眼睛喜笑颜开地向我抛媚眼。他在课余时间最喜欢拼图了，他能够把见方1平方米的拼图拼完；为安装高半米的机器人可以一天不吃不喝，直到装完；业余时间他还喜欢开小汽车，开快车；他还学会了滑雪、滑冰……航航妈妈感慨地说：

航航自身是不幸的，但幸运的是他来到了香坊小学，香坊小学的师生包容了他；香坊小学的这片骄阳温暖了他；香坊小学这片沃土滋养了他。感谢：香坊小学师长教育了他；感谢香坊小学学子陪伴了他，同时香坊小学见证了他的成长……

冰心有一段话曾激励过无数的人为这个世界默默无闻、无怨无悔地奉献着自己：爱在左，责任在右，走在生命之路的两旁，随时撒种，随时开花，将这一路长途点缀得花香弥漫，使穿枝扶叶的莘莘学子，踏着荆棘，不觉得痛苦，有泪可流，却觉得幸福。"起始于辛劳，收结于平淡。"这就是我们教育工作者的人生写照。工作中，我们培养了一批批莘莘学子，同时也对航航这样的孩子倾注更多的心血。同人们，让我们共同努力，用我们的爱心、信心、耐心去换取孩子们的开心、家长们的放心。让我们携起手来，为了香坊小学的美好明天，努力拼搏吧。

（关秀春）

献身教育　与爱同行

——哈尔滨市香坊区争当"四有"好老师先进事迹

　　个人简介：王平，女，中共党员，小学高级教师，是哈尔滨市香坊小学校一名普通的班主任教师，从教24年来，所撰写的论文数次在国家、省、市级论文评选中获奖。曾经获得市区优秀班主任、优秀教师，十佳百模"千优"教师、市区最美教师、区三育人先进个人，冰城首届我最喜欢的班主任等荣誉称号。曾经获得国家级班会课设计一等奖、读书交流获得省语文名师精品课展示、市级优质课题课一等奖、区德育实践活动课一等奖、区主题读书教育演讲一等奖，全国语文读写大赛中获得优秀指导一等奖、区数学学科"横纵社群"活动中，作"提问技能的学习和感悟"专题讲座等。所有的成绩离不开香坊小学这片沃土，离不开同事们的帮助，离不开家长的支持，离不开所有人对我的关心。成绩是过去的，今日的精彩是汗水和泪水的结晶，明日的辉煌需要付出更多的热血，但是为了班级的孩子们，为了我钟爱的教育工作，即便付出再多，我也无怨无悔。

　　事迹概述：1993年7月，我走上了教育工作岗位，成为一名光荣的人民教师，蓦然回首24年，这24年一路走来，一路收获！有泪水，有欢笑，有鲜花，有掌声。我不敢自诩是春蚕，是蜡烛，但我可以这样自豪地说："我无愧我的学生，我无悔我的选择。"我觉得作为一个班主任不在于我干了几年，而在于我用了多少心。正是凭着对教育事业的那份执着，对孩子的那份挚爱，在三尺讲台用自己的青春在爱的奉献中闪光！

一、锐意进取，不断超越

我从事教育教学工作以来，忠诚于党的教育事业，教书育人，诲人不倦。时刻以一名优秀共产党员的标准严格要求自己，工作中勤勤恳恳、兢兢业业、坚持出满勤，干好每一天工作，从不迟到早退，从未请假，做到以校为家，每天我都早早地来到学校，踏着清晨的第一缕曙光迎接孩子们的到来，每天的备课、上课、批改作业、辅导学生学习、和学生做游戏、和学生午餐、和学生值日、和学生舞蹈、和学生歌唱，我毫不疲倦。浑身像有使不完的劲儿。刚接手新一年时，我都会每天中午陪他们到操场上玩；担心孩子们小，自护能力弱，我就细心地看护着每一个孩子，不让他们受到一点点伤害，孩子们看到我在他们身边，他们玩起来更 haapy 了。到了三年级以后，我才可以慢慢地放手，在我所任教过的班级孩子从未发生过一起安全问题，家长们特别的放心。我心中有一个坚定的信念：那就是做好每一天，做细每件事！

二、认真教学，潜心教研

工作中，我能够认真学习教育教学理论和新课程标准精髓，以崭新的教育理念丰富自己的头脑，提高自己的理论素养和专业理论水平，平日在教育教学方面，始终以一种严谨的态度和创新的精神，认真钻研教学大纲，不断熟悉教材，认真科学地设计教学程序，根据学生的心理特点，大胆探索，用理论指导实践，用自己的教学魅力吸引学生、征服学生。课堂上，我努力探寻适合学生的课堂教学模式，因材施教，学中有变，方法灵活，全面调动班级学生的学习热情。在教学业务上，勤于动脑，大胆实践，运用新课标及现代新的教学方法，精心备课、认真上课，耐心辅导学生，了解学生学习中存在的问题。对学生严而有度，与学生真诚相处，用爱与学生沟通，民主对待学生，让学生"亲其师，信其道"。同学们都认为我既是值得信赖的教师，又是亲密的好朋友，是值得尊敬的人。因为有了爱，学生们都喜欢上我的课，学生的成绩越来越好，受到了学生及学生家长的好评。

三、立足本岗，师爱无限

黑格尔说过："教师是孩子心中最完美的偶像。"担任班主任期间，我深深地体会到教师的人生观、价值观和思维方式，教师的理想、信念和追求，每时每刻都在影响着学生。因而自从当上老师那天起，我就暗暗地对自己说，一定要做一个好老师，问心无愧，对得起家长和孩子们。凭着这样的信念，我一直这样地走着。我的儿子今年升入高二了，从小到大，都是孩子爸爸一个人带着。儿子四个半月我就上班了，一切家务全部由爱人一人承担，他默默地支持我的工作，从不埋怨。儿子小的时候，当看见我给班级的孩子买礼物时，他就生气，说妈妈不喜欢他，就喜欢班级的孩子，经常和我闹别扭。记得儿子中考时，我也未曾请过一天假陪儿子中考，现在儿子总是经常提起这件事，他对我说：妈妈虽然不是一个好妈妈，但是妈妈是一位称职的好老师。如今儿子对我的工作不再有意见，而且他立志将来也要当一位像妈妈一样的老师。看着懂事长大的儿子，我心里有了一丝安慰。24

年来,我把自己全部的精力都放到了学校,放在了班级每一个孩子身上。校长叫我老黄牛,家长称我为战神,同事们叫我拼命三郎。生活中更是学生的妈妈,为了鼓励孩子们学习的积极性,我经常自己拿钱为班级的孩子们买学习奖品,铅笔、橡皮,日记本、文具盒、直尺、书籍等等;经常在班级组织一些口算、朗读、讲故事、跳绳等小型的竞赛,孩子们在竞赛中出现了比学赶帮的热潮,班级学生的学习氛围更加的浓厚,竞争意识增强了,大家有了互帮互助的精神。积极向上的班集体,意识逐渐形成,班级的学生把努力学习和热爱班级作为首要任务。我为孩子们创造一个又一个惊喜,每年遇到重大节日,如端午节、母亲节、三八节、儿童节、国庆节等,我都会精心为每一个孩子准备精美的礼物;每学期班级举行两次集体生日,我会送给孩子们祝福,让他们懂得感恩,做一个有道德的"香一"人。炎炎的夏日,我会为孩子们准备西瓜、冰激凌,寒冷的冬日,为孩子们买糖葫芦;在学校组织的各项活动中,班级的孩子们团结奋进,给家长惊喜的同时,奏响起爱国主义教育的主旋律。

四、家校工作,架起桥梁

为了建起与家长沟通的桥梁,班级建立了 QQ 群、微信群、读书群、校讯通等多种形式的平台,QQ 群及时地下发学校的各种重要的通知、文件,班级的各项工作要求。读书群是学生每天放学后读书的地方,学生把当天学习的课文放到读书群中,1 名家长协助老师把每一个学生朗读的情况统计好,每半月进行 1 次朗读之星的评比,这个读书群起到了很好的课外学习效果,孩子们的朗读水平、表达能力得到了极大提高和锻炼,对课内学习起到补充作用,孩子们爱上了读书群,爱上了读书。微信群是家长平时交流和沟通的平台，大家有问题时就在微信群讨论，利于家长参与班级管理。班级不管出现什么事，大家都在微信群中发表自己的意见，综合所有人的意见后，家长委员会再进行整理，然后做出实施意见。整个过程均是民主的和谐的。为了更好地了解班级的每一个孩子，我利用休息日积极地到困难生家进行家访，辅导学习，在家访中真诚地向家长反映孩子在学校的情况，传达学校的育人理念，详细地介绍孩子在学校的各种表现，并为孩子提出一些合理化的建议，家访得到了家长的认可。经过我一次次真诚的沟通和交流，老师与家长之间已经没有任何的隔阂，促进了班级工作的有效开展。家长们支持学校和班级的各项工作，经常参加班级的集体活动。家长们说：我们要为孩子们作出榜样。班级这支强大的家长队伍，在家长委员会成员的带领下，全力支持班级工作，支持学校工作。每次学校组织活动，比如春游、采风等等，家长们都统一穿上印有快乐三班的服装，参与到集体活动中去，成为香坊小学一道亮丽的风景。

　　家长既然把孩子交到我们手中，我们就应该义无反顾地做好自己的本职工作。我一直坚守一个信念，那就是努力工作，做最好的自己。从教 24 年来，我从未因年龄渐长而失去对工作的热情，也从未因个人原因请假耽误课。我对工作的痴迷，对学生的热爱，在香坊小学这个大家庭里是有目共睹的。文文妈妈在微信朋友圈中说我是一位拥有大爱的老师。靖松妈妈说：孩子生活在这样的集体中十分的幸福，因为有这样一位好妈妈。一件件小事触动着学生幼小的心灵，感动着班级的每一个家长。寒来暑往，风雨 24 年，我不曾为自己的早出晚归而后悔，也不曾为自己的挑灯夜战而遗憾，我为自己是一名班主任教师而自豪。虽然每天都在忙碌中度过，但是我很充实，我把快乐带给班级中每一个孩子，和孩子们共同走过每一天。

　　通过我不懈地努力，我赢得了学生的爱戴、家长的信任、同事的敬佩和领导的赞赏。我是一名党员教师，正因为心中有爱，我以三尺讲台为荣，用青春和生命谱写无怨无悔的人生，我将时刻铭记教书育人的神圣使命，继续用无私奉献的师魂塑造人，用全面发展的师德陶冶人，在平凡的岗位上创造出不平凡的业绩，书写"香一"人华丽的篇章！

（王　平）

收获天津

——参加第十一届"信息技术与学科整合"赛课有感

11月9—13日，我来到了美丽的海滨城市——天津，参加第十一届"信息技术与学科整合"赛课。

这次出差，与以往出差参加培训感受不同。拓宽视野的同时，还多了一份紧张，这份紧张就是因为要参赛。可以说，在比赛前等待的几天，我们寝食难安。我与同行的伙伴李虹石，天天待在宾馆里，从开始的背稿，到后来的互听互评，虽然我们没有办法预计比赛的结果，但出发前刘校长的嘱托却时时记在心间——过程比结果更重要。

比赛那天，我看到了在我之前比赛的选手的比赛过程，真的让我大开眼界。可以说，在此之前，我对信息技术与语文学科的整合点一直找不准，甚至认为语文课中现在正在提倡"素课"，这恰恰与信息技术整合出来的"花枝招展"的课相背。其实，在这些参赛的选手中，大家没有什么高技术含量的软件支持。多数的选手都在用PPT，少数的选手加入了"电子白板"的使用。从获奖的情况来看，评委看重的，并不是我们的课件多么精致，硬件多么先进，而是是否将多媒体用得恰到好处。

紧张之余，我录了一个课例，觉得对自己很有启发，与大家分享。

大家看，她用的课件，都是靠 PPT 就能制作出来的，但对于字的形成、演变以及字义都进行了恰当的诠释。这节课在总结大会上受到了表扬。

对比人家的课，感觉自己的课件逊色了许多。但我设计课的出发点是：既然在我所执教的高年段没有合适的教学内容，自己又不会高端的技术，就要从学习方式的变革上另辟蹊径。在选课上，我选取了延展内容丰富的《新型玻璃》一课，采用了课后让学生查找资料，并在课堂上展示学生找到的资料的形式。课件中截取了几段录像，插入了一些图片，看起来再平常不过。本来并不是很自信，但却获得了一等奖。在总结大会上主办领导的讲话中，我找到了自己成绩还不错的答案：那就是我关注了学生学习方式的变革，让学生学会思考，让学生学会了收集。

在此，我要感谢校领导给了我一个学习和锻炼的机会！感谢信息组的所有老师给予我技术上的支持！感谢几位主任，多次的关心与指导！感谢我的配班老师楚莎莎、朱大军以及五学年的全体老师在我外出期间帮我看班、代课，为我解除去后顾之忧！感谢语文团队所有老师在这次大赛的市级选拔课中，对我一次又一次的评课指导！感谢所有我们班的科任老师，在我准备赛课期间需要串课时，都给我开了绿灯。感谢大家让我在这个美丽的秋天，收获了这么多！

（韩　笑）

学习汇报

    4月17日至4月21日，我和于老师，去杭州参加了"千课万人"第二届全国小学语文"新课标课堂"研讨观摩活动。首先感谢学校领导对我们的培养与关怀，同时，我也为我校校领导能如此重视教师的学习而感到幸运。谈不上什么报告，只想说说自己在学习过程中的一些感受。

    与会3天，我们一共听课22节，共听8个报告，4次专家互动点评，有幸听到了窦桂梅、于永正、贾志敏、薛法根等一些语文界权威人士的现场教学，听到了崔峦、吴琳、周一贯、高林生等专家的精彩评课。每天从上午8时开始听课，晚上10时听完报告，午饭和晚饭每次休息一个小时，可以说，这几天的学习真的是十分充实，也十分辛苦。但辛苦着也幸福着，因为无论是课堂教学的展示，还是专家的报告、点评，都会让我觉得有豁然开朗之感，真的是不虚此行。

    可以说，每一节课都有可圈可点的点睛之笔，由于时间关系，在这里，将许多课中一致存在的语文教学的趋势与大家分享。由于是我个人的总结和感受，可能不是很精辟，希望大家取其精华、去其糟粕。

一、课堂中关注学生的质疑。我们常说：学生会的不用教，学生通过自主学习能学会的不用教，学生通过合作学习能学会的不用教。那我们究竟需要教什么呢？课堂上让学生大胆质疑，就能很快抓住学生学习中的困难点，解决学生最不容易解决的问题。本次听课中，许多老师都用了这种方法，其中，窦桂梅老师的《魅力》一课，给我留下了深刻的印象。窦老师的《魅力》一课，设计了预学、共学两大板块，在课前布置学习完成预学单，学生在课前已经完成了初读，概括小说主要内容、主要人物的学习任务，并对小说有了初步的感受。课堂上，老师以汇报的形式，总结了预学的情况。在此基础上，进入共学部分，让学生把自学后还没弄清楚的问题说一说，在课堂上，学生提出了很多问题，如：为什么课文中没有提到"魅力"，而文题为"魅力"？为什么同意卖汤姆叔叔？为什么卡佳在看戏过程中要沉重地喘息着？为什么写那个邻座的秃顶男人？课文重要的是写看戏，为什么看戏前写了那么多？为什么开始要买"汤姆叔叔"而后来要卖了他？在学生提问的过程中，老师对学生进行了学法指导。如：第一个问题是在"问文题"，第二个问题"你是在问结尾"，第三个问题"问细节"，第四个问题"问次要人物"，第五个问题"问结构"……学生不仅问了问题，还学会了问问题。接下来，窦桂梅老师让学生梳理所有问题中哪个问题可以成为学习本课的主干问题。有了刚才的学法指导，学生很快找到了关键问题：为什么开始要买"汤姆叔叔"而后来要卖了他？在解决这个问题的过程中，其他问题也迎刃而解。整堂课中，都是学生想学什么就研究什么，学生问了什么就解决什么，充分体现了学生学习的自主性，十分精彩地诠释了"质疑"在语文课中的作用。

二、课堂中读写结合运用巧妙。读写结合在我们的语文课堂中也很常用，许多老师的课堂上，读写结合的设计也十分精彩。

如：贾志敏老师在讲《母亲的鼓励》一课时，当学生了解了每一次鼓励的内容后，老师让学生听一个长句："要高中毕业了，老师对母亲说，你的孩子考一般的大学没有问题，但是像哈佛那样的名校，几乎不可能。"听老师读3遍，然后自己凭着记忆写下来。这种设计让我感觉既新鲜又实用。现在许多孩子听不明白话，记不住意思，这里的听写句子，对孩子听的能力和专注力进行了训练。接下来，让学生想象：听到这样的话，母亲是怎样鼓励孩子的，你来写一写。学生们模仿课文前面几次母亲的鼓励，写下了这次鼓励，学生的情感铺垫和文法铺垫都十分到位，所以写一段情境不成问题。然后贾志敏老师又结合自己生病时，孙子的鼓励，让学生也想一想自己还接受过谁的鼓励，再写一写。此时，学生对"鼓励"的情感得到了扩展和升华。也正是这次贾志敏老师的现身说法，才让我知道，他是一位在4年前就查出癌症的患者。不能忘记：当他乐观地站在讲台上，像说别人的故事一样说着自己的孙子对自己鼓励时，全场鸦雀无声，甚至有许多人潸然泪下的情景，更不能忘记他层层递进式的读写结合训练。

三、关注语言本身的特点。我们中国的汉字博大精深，让孩子们读懂、学会，感受得到这些汉字、句法、标点等方面的规律，是我们语文课堂中不可缺少的内容。这次研讨会中，许多课就有充分的体现。虞大明老师的《麦哨》一课中，从"呜卟，呜卟，呜……"入手，关注省略号的用法，关注拟声词的用法。接下来变化形式吹麦哨，出示"呜—卟，呜—卟，………""呜卟——，呜卟——……"和"呜—卟—，呜—卟—，……"进行训练。将观察标点的作用与自己运用标点结合起来，把语文基础训练落到实处。薛法根老师的《匆匆》一课中所蕴含的道理十分深奥，而薛法根老师从关注课文中的16次"叠词"入手，巧妙地将语言文字的特点和课文的内容及情感联系到了一起。

四、新名词"非连续性文本"。2011 版《语文课程标准》中提出"阅读由多种材料组合的非连续性文本"。所谓"非连续性文本",是相对于以句子和段落组成的"连续性文本"而言的阅读材料,多以统计图表、图画等形式呈现。它的特点是直观、简明,概括性强,易于比较,在现代社会被广泛运用,与人们的日常生活和工作须臾不离,其实用性特征和实用功能十分明显。学会从非连续文本中获取我们所需要的信息,得出有意义的结论是现代公民应具有的阅读能力。而在本次观摩课中,许多老师就运用填表格画图画等非连续性文本,解决语文阅读教学中的问题。当然,在运用的过程中,有一些做法,在课后的专家点评中,不太认可。但我想"非连续性文本"这个名词,应该在我们每位老师的头脑中挂个号。

以上是我基于听课的一点感受。除此之外,在听专家讲评和讲座中,我觉得还有两处精华的部分应该与大家分享。

一是周一贯教授用 15 个"多少"精练地总结了当前语文课堂的不良现状:

1. 目标多、主次少(教学目标的确定要注意"舍得"相宜)。

2. 预设多、生成少。

3. 知识多、情感少(一节课成功与否,看学生有没有情感,是否有兴趣、有积极性)。

4. 过程多、方法少。

5. 讲得多、练得少。

6. 口头多、笔头少。

7. 集体多、个体少(齐读多,指名读少)。

8. 替代多、主动少。

9. 统一多,分层少(没有差异的教育,以点代面,认为班中有读得好的孩子,就全班都会读好了,而其实至少有 1/3 的孩子读不好。所以，提倡"裸读"并倾向于中、差学生）。

10. 师问多、生问少。

11. 牵得多、引得少。

12. 讨论多、实效少。如小组讨论，没有明确任务，孩子们讨论的目的性不强。

13. 要求多、落实少。如公开课留的作业，是给听课的老师听的，没人会收。

14. 批评多、鼓励少。家常课尤为严重。

15. 模仿多、创新少。

这15个精辟而又浅显的"多、少"，不禁让我自己对号入座。在自己的课堂中，这里的好多条都出现了。所以我把这部分介绍给大家，希望大家共勉。

二是崔峦教授，对于阅读教学中加强语言文字运用的策略，进行了点拨：

1. 文中词语换一换。

2. 好的句式练一练（低年级的基本句式的训练，高年级在表达方面有特点的句子）。

3. 抓住留白补一补。

4. 观察插图写一写（插图不是陪衬，而是对文本的补充，所以可以尝试联系课文内容，写插图的文字说明）。

5. 段篇结构归一归（中年级要抓段，在了解主要内容后，深入自然段；高年级要概括主要内容，了解顺序，领悟表达方法，整体把握。有方法，要训练）。

6. 文章结构理一理。

7. 顺着情节扩一扩。

8. 展开想象读一读。

9. 变换文体改一改（如可以把一些叙事性的古诗如《赠汪

伦》，改成小故事，一些课文变换叙述形式，变换人称写一写，改成课本剧演一演）。

10. 迁移文体仿一仿（如《富饶的西沙群岛》是典型的总分总结构，可以让学生仿结构写一写）。

11. 加工信息编一编（如一些游记类的文章，可让学生了解景点的其他信息，写导游词）。

12. 学习所得记一记（不落实在笔上，再精彩的课堂学生也会忘，可以从中年级开始，做课堂笔记，由老师领记到学生学会记）。

以上就是我此次杭州之行的收获，希望我的体会能给大家以启示，谢谢大家！

（韩　笑）

"小鬼当家"引发的思考

　　今天是市里领导来校视察的日子，"小豆包"们的表现真是让我欢喜让我忧。

　　先说欢喜的吧，科学老师公开课，我不在班级，要去听别的老师讲的语文课。"小豆包"们表现得超级棒，我回来一统计，全班 35 人发过言，有的孩子还发言 6 次。听领导们说，我们班的孩子思维发散，知识面宽，表达能力强。我这心里呀，美得不要不要的了！欢喜之二，第二节课过后所有老师要去评课，孩子们在教室自习。我布置了一张卷子的任务，我评课离开时间较长，回来时班级里是这样的：所有同学卷子完成，交上来的卷子整齐地放在讲台上，班长在监督纪律，学习委员在领着同学们读课文，而且读的是要求背诵的重点课文，黑板上班长记录的只有表扬的同学没有批评的，大家都很守纪律。为他们点赞！欢喜之三，孩子们独立完成的卷子，我带回家来批，我发现卷子里有一道出错了的题，孩子们并没有乱答，而是所有的孩子都在题号上打了个小叉，很显然，大家在不知道哪位班干的带领下，把出错的题删掉了。突然有一种"小鬼当家"的感觉。孩子们长大了！

　　再来说说"忧"吧！第四节美术课，下课我回来时，发现班级的一次性杯子少了一大摞，原来，没带涮笔筒的孩子们，毫不客气地打开了老师的柜子，把班级极其精美的喝水杯子当成了涮笔筒，于是二十几个杯子惨遭不幸。我批评他们：不带齐美术用具错误之一，浪费杯子错误之二，乱开老师柜子错误之三，个别学生不主动承认错误之四。

今天，"小豆包"们无论是给我的"喜"，还是给我的"忧"，都让我感觉到孩子们长大了。他们在自己努力解决问题，自己管理自己，自己处理自己遇到的麻烦。也许在这个成长过程中孩子们会犯错，会走弯路，但只要我们老师和家长在发现问题时，正确引导，孩子们一定会有全是"喜"的时候。他们今天的表现，也是在给我提个醒——他们已经长大，我们要悄悄地关注他们心理的动向，为他们把好舵！

（韩　笑）

机会与转变

　　一些教育论著中常常提到，没有不想当好学生的孩子。可是对于刚入学时的他我真是无可奈何。他是我们班的为数不多的几个提前入学的男生之一。如我所料，他上课要么活跃过度，要么搞小动作，要么影响别人学习，拖拖拉拉，总是不知道上课应该怎么做，无论做什么都是最后一个完成；下课不是把这个女生弄哭了，就是和那个男生动手了；家庭作业不是丢了这样，就是少了那样，即使做了，字迹也相当潦草……每天不是科任老师就是学生向我告状。但我发现，这个孩子的接受能力并不差，我不能让学习态度影响他的学习习惯，更不能让坏习惯影响他的发展。于是，入学不久，我便找他谈话，告诉他一个好的开端很重要，做一个合格的小学生，要守纪律，要记清老师的每一项要求，以学习为重，按时完成作业，知错就改，争取进步，争取做一个他人喜欢、父母喜欢、老师喜欢的好孩子。他听了我的话，满口答应下来了。可没有3分钟，他又一如既往，毫无长进，真是认错快，再犯快。那时我似乎一度有了放弃的想法：算了吧，或许他天生顽劣，不是学习的料。但又觉得作为一名人民教师，我放弃了一个孩子，我们班的优秀率还达到80％，可对于这个孩子的家长来说，孩子的优秀率则变成"零"。轻易地被困难吓倒怎么行？必须面对现实！于是我暗下决心：一定要改变他，让他做一个可爱的孩子！

于是在那段时间，我阅读了许多指导班主任工作的书籍，总想各种方法都在这个孩子身上试一试。孩子虽然没能完全与其他的孩子一样规范自己的言行，但我始终在以不同的方式教育着他，关注着他。

那是一年级下学期的一天，班级里的孩子焦急地跑来告诉我，他在垃圾堆里玩一只死鸟。我一听立刻火冒三丈：他明明知道学校不许去垃圾站里面，他还去；死鸟那么脏，他还摸，会不会被传染上疾病……我冲到校园里找到了他，没等他说什么，我已无法保持平静的心态，狠狠地批评了他。他低下了头，因为他知道，老师的批评中，全是对他的关心。许久，他小声地说了一句："其实，我只想给那只可怜的小鸟找一个坟墓……"听了这话，我的心微微一震，立刻感觉到此时他那泥乎乎的小脸是那样的纯洁，那样的可爱。对于小鸟这种可爱的生灵，我就像一个可怕的法西斯！我简直无地自容！老师也会出错，我误解了孩子，把他身上最善良的东西，误认为是顽皮。我不能一错再错，我拉起他的小泥手，对他轻轻地说了一声："对不起，老师错怪你了！"真的没想到，他竟然哭了。于是，我利用好这个教育契机，与他进行了一次推心置腹的谈话。我肯定了他做这件事的初衷是善良的，他是一个善良的孩子，小鸟会感谢他，所有大自然中的动物都会喜欢他这个有爱心的孩子。也许是老师的认错拉近了我们心与心的距离，他说，其实他很想做一个让老师、同学都喜欢的孩子，只是有时管不住自己，总是给自己的小组抹黑，他真的很难过，可是同学们却容不下他，越来越不喜欢他了。看到他担心的表情，我知道这次他说的都是真话。于是，我决定帮帮他，我们之间有了一个小秘密：如果他忘了怎么做，我就用手指轻轻地敲敲讲桌，让坐在第一桌的他看见。平时，我也总让他完成一些班级中的工作，给小组加分。

慢慢地，我们之间形成了一种默契，他不用我再轻敲讲桌了。他的经常加分，也让同学们喜欢上了他。他真的变了，从那次谈话以后，慢慢地变了。变成了一个人见人爱的好孩子。在第二学期期末考试中，他取得了双科优秀的好成绩。我为了鼓励他，奖给他一个笔袋，里面放了一幅画，第一部分是一个弯曲着食指的手，正轻轻地敲着讲桌，第二部分是一个竖起了大拇指的手！看到这些，我们相互看了一下对方，会心地笑了！

（韩　笑）

我和那本《草原上的小木屋》

——记一次课题实践课的磨课经历

　　2012 年上半年，伴随着我校《通过培育校园书香文化，促进学生生命成长的研究》这一课题的研究，我们接到了上"班级读书课"的任务。说是"任务"听起来有些被动，但却一点儿也不夸张，对于"班级读书会"，我们就是一头雾水，多数的同志都在摸索和学习中。

　　经过近 1 个月的学生初读后，我们班的第一次班级读书会，新鲜出炉了。《草原上的小木屋》一书，是一本由美国作家怀德·罗兰所著的，记录了小主人公劳拉一家拓荒生活的小说。无论是时代背景还是风土人情，与当时还上三年级的我们班学生来说，都是十分陌生的。所以，这次读书会，我设计了"走进故事情节、走进作者、走进主人公"等一系列的环节，通过小组比赛的形式，让学生将读书的收获汇报出来。课堂上，孩子们为了给小组争光，纷纷举起小手，课堂气氛热闹异常。一节课下来，得到第一名的小组同学容光焕发，后几名的小组则垂头丧气。走出课堂后，我马上意识到这节课是一节典型的"问题课"。我个人反思后，我们语文团队的全体老师对这节课进行了讨论。总结大家的意见和我个人的思考，这节课虽然孩子们的参与度很高，但内容不够深入，对于内容和思想的认识浮于表面，在课堂上孩子们没有读、赏、论的过程。加上小组评价的方式只关注了小组评分高的小组，没兼顾到对全体学生的激励作用，这节课就失去了"读书交流课"的真正意义。

为了让我们的读书课尽快形成全班的教学模式，学校还专门请来了区进修学校的王秀艳老师和杨修宝主任，对我们进行专家引导。听取了他们的意见后，我对读书课又有了新的认识——读书课就一定要有读，要有积累的读，要有交流的读。

经过一番重组，我们《草原上的小木屋》班级读书会再次亮相。这一次，我在上一次交流会孩子们对本书的一些基本的内容有所了解的基础上，让孩子们在课堂上读书后，交流自己读到的印象深刻的语句，接下来，老师出示一些值得回味的语句，引导孩子们读。课堂上，读的气氛有了，交流的气氛也有了，可是我和我们语文团队所有的老师感觉一样，那就是：一、孩子们的读，没有经过深入思考，听起来是孩子们只知道读，却不知道为什么读这段文字；二、《草原上的小木屋》一书共有 20 个故事，孩子们的兴趣爱好都不一样，汇报起来杂乱无章；三、老师出示的语句，堪称本书的精华，领着孩子们分析也很透彻，可那是老师的读书感受，并不是孩子们关注的焦点。

经历了这次课后，我有些打退堂鼓了——并不是我怕苦怕累，不愿再继续研究，实在是想不明白：这么厚的一本书，如何能找到孩子们的兴趣点？怎样又能仅仅用 40 分钟的一节课将全书兼顾……换本薄点的书？来不及了，孩子们读书是需要一段时间的，而学校的现场会即将召开。我对于读书会的研究，似乎到了一个"瓶颈"期。每天睡不好觉，头发一把一把地往下掉。学生们似乎也被这一次不太成功的读书会折腾得对《草原上的小木屋》这本书毫无热情。

工作还要开展，读书会还得上，于是自己只能放平心态。那天，坐在班级中与学生们闲聊，当我问到孩子们喜欢《草原上的小木屋》这本书吗？喜欢它的哪个故事时，孩子们的眼睛一下子亮了，似乎又找到了第一次上读书课的激情，于是我没有局限孩子们，让他们想说什么就说什么，想怎么说就怎么说，出乎我意料的是孩子们说得比我想象的要好。这不就是真实交流吗？一本书不能所有的章节都交流，但可以抓住孩子们关注的热点交流呀！于是我又来了灵感，重新调整了教学思路。

当我第三次站在《草原上的小木屋》班级读书会的课堂上时，我已信心十足，看看教室后面每次都听课评课的语文团队的老师们，我暗下决心：一定要上好这节课！

在这节课上，我先在课前布置了学生将自己最喜欢的故事中的小段落，记录在《读书卡》上，在课堂上，先让学生通过"我读你猜"的形式，梳理故事情节。根据孩子们汇报选择故事比较多的章节，课堂上再读，作批注，再对焦点章节的读书感受进行交流。这样一来，把学生读书兴趣全都调动起来了。对于一个故事的深入阅读，让读书更有针对性，在汇报过程中，老师对学生读书方法的指导更是起到了画龙点睛的作用。

下课了，终于看到了同事们每次听课后那紧锁的眉头展开了……

读书课先后几次在我校市级、省级现场会上观摩展示，得到了与会领导的好评。

《草原上的小木屋》读书会，是我一次难忘的磨炼经历，其中有我对这种教学模式的探索、实践与进步，更有团队合作带给我们的一次又一次的感动。教师的成长，受益最大的是学生，这次读书课的经历，让我们班的学生爱上了阅读，掌握了方法，更乐于表达。这次读书会更为他们赢得了一次又一次做公开课展示自我的机会！他们似乎也像书中主人公劳拉一样，成长起来！

感谢你，《草原上的小木屋》！

（韩　笑）

阅读教学中教学策略的运用

——记南京学习感受

　　5月的金陵，气候宜人，鲜花盛开。古都南京迎来了全国小语界的盛会——"七彩语文"杯第七届全国小学语文教师素养大赛。来自全国30个省市的代表参赛，7 200余名代表观摩，分两个赛区举行。各位参赛选手在赛场的表现精彩纷呈，展示了小学语文教师良好的专业素养和职业风范，为广大教师树标引航。十分荣幸，我能亲临比赛现场，观摩和学习。

　　我们看到了全国各地的精英教师，分别参加了讲演故事、书写展示、才艺表演、课堂教学、现场知识问答5项比赛的全过程。观看的过程中，我们也似乎跟着参赛选手一起紧张着。当我们家乡的选手上场的时候，真心为他捏了一把汗。我们甚至精心地记下了每一位选手的每一轮比分，每场比赛后都排个序，3个人再在一起评头品足一番。

　　尤其是这次的课堂教学展示，给我留下了许多思考。课堂上，一处处可圈可点的教学策略的运用，让人佩服不已。所以，我把一些给我留下深刻印象的教学策略展示出来，与大家分享，希望能对大家的日常教学有所帮助。

一、《将相和》教学片段

在《将相和》一文的教学中，教师在学生初读课文正音识字后，引导学生读一读课文中的3个小故事，找到每个故事中能总结故事的句子，画出来，再概括成小标题。

接下来老师结合学生汇报的句子，概括出小标题。在这里，老师利用学生的汇报顺势而导，总结出了在故事中找中心句的方法。提高了学生的概括能力。同时，在这一环节中，也体现了教师对学生学习方法的指导。

然后，老师把3个小标题板书在黑板上，让学生把3个标题连起来说说课文的主要内容。在这里，老师巧妙地利用了小标题，让学生用"因为""所以"这样的关联词语，把故事的梗概表达出来。既是通过关联段络内容，总结课文的一种方法；又通过这项学习活动，锻炼了学生运用关联词语的能力；更重要的是理清了段落之间的逻辑关系，真可谓是"一石三鸟"。

对课文内容的深入理解，恰恰为老师接下来的人物分析，做好了铺垫。所以在赛场上，老师接下来分析学生喜欢的人物的性格，就十分顺利了。

二、《我为你骄傲》教学片段

《我为你骄傲》是现行人教版教材，二年级下的一篇课文。一二年级语文教学的重点仍然是以识字写字为主。可本次大赛要求上阅读课，所以这节课把识字写字与阅读教学相互整合就成了亮点。

在课前与学生聊"骄傲"。让学生说说自己平常见过"骄傲＂这个词吗？学生说出了龟兔赛跑中的兔子的骄傲，说出了考试后的骄傲。老师引导学生思考这节课的骄傲与同学们说的骄傲一样吗？体会了骄傲在这里是自豪的意思。这里，老师巧妙地利用了孩子们的阅读经验，发现了骄傲的不同含义。

在老师让学生初读了课文后，老师让学生说一说："小男孩做了什么事，让老奶奶为他骄傲？"在学生读文后的汇报故事经过的过程中，老师把本节课的生字、词语，顺着学生的汇报，一一贴在了黑板上。边贴词语，边对这些词语进行写法、读音、词义等方面的指导。比如，当学生们汇报：孩子们打破了玻璃，老师就把"破"和"玻璃"的生字卡片贴在黑板上。让学生说说观察这些字的发现，然后讲到了换偏旁记字，讲到了形声字的构字规律。学生讲道，打碎玻璃后，小男孩用积攒的 7 美元赔给奶奶时，老师就出示"攒"的字卡，说说课文中"攒"的是什么，平时我们都攒些什么。这些词语的处理，与课文内容的概括，巧妙地结合到了一起。一切都那么不着痕迹，一切都那么水到渠成。当课文主要内容学生讲述完毕，这课的所有生字词语也在黑板上呈现了出来。接着，老师要求所有学生都用上这些词语说说故事的经过，学着把学到的词语加以运用，把词语教学落到了实处。我觉得这种识字的呈现方式，把生字放到了具体的语言环境中，边学边用，提高了学生的语用水平，很值得我们学习。

三、《尊严》教学片段

这节课，是香坊区宋月娥老师执教的一节课。首先，从生字词入手，分别对外国人名、地名进行了重点读音指导。然后出示四字词语，其中"狼吞虎咽"，在屏幕上出现了两遍。记得当时听课时，我看到这里，马上就紧张起来，以为她打错了，把一个词语打了两遍却没看出来。可是，她设计的精妙之处也恰恰在这里。原来，"狼吞虎咽"这个词语，在课文中出现了两遍，而且，分别描写了其他难民的狼吞虎咽和哈默的狼吞虎咽。而老师也正是从这个重复出现的词语入手，先是比较了哈默与其他难民的不同，其他难民是不劳而获就"狼吞虎咽"而哈默是劳动之后才"狼吞虎咽"。同时总结出了"课文中反复出现的词语或字，恰恰是文章所要强调的重点内容"这样的学习方法。接下来，老师让学生顺着这个语言表达规律，从句子入手，品读了：这个年轻人的目光顿时灰暗了，他的喉结上下动了动，说："先生，那我不能吃您的东西，我不能不劳动，就得到这些食物！"这处年轻人的语言描写。发现里面多次出现的"不"字，对人物性格的作用，突显了年轻人的坚定态度。就这样，宋月娥老师抓住了"反复出现的语言"这一语言特点，以这一主线展开教学，从词语的反复出现，到人物语言中的反复出现，到后来的人物神态的反复出来。把语言训练和阅读教学巧妙地融合在了一起。在学生充分理解这一语言现象的同时，也理解了"尊"字的含义，在课文中，有年轻人哈默对自己的尊重"自尊"，有杰克逊大叔对别人的"尊重"。老师在此时出示了"尊"字的古字，结合古字，深化了对"尊"的理解。在课的最后，让孩子们给尊字组的词填一填。一个（　　）的人，才会获得别人的（　　），才能赢得应有的（　　）。深化了文章的主旨，实现了对语言文字的运用。

四、《颐和园》教学片段

《颐和园》是四年上的一篇写景的文章。在扫清生字障碍后，老师出示了以下几个句子：

进了颐和园的大门，绕过大殿，就来到有名的长廊。

走完长廊，就来到了万寿山的脚下。

登上万寿山，站在佛香阁的前面向下望，颐和园的景色大半收在眼底。

从万寿山下来，就是昆明湖。

让学生读这些句子说说自己的发现。孩子们马上发现了这些过渡句在文中的作用，有的孩子还直接说出了"移步换景"的写法，赢得全场掌声。在我以往的教学中，我往往是让孩子了解了课文中每段的内容后才总结这样的写法，可是今天看到这位老师直接处理，不禁觉得这种方法着实不错。不但直奔主题，引导学生发现了这类写景文章的写作顺序，同时也省去了逐段总结的时间，关注了段落之前的关系。接下来的逐段精读，就像由主干分出的分枝，让学生的学习思路更加清晰。我想，如果这不是30分钟的教学，而是40分钟，老师一定会安排学生运用这种方法写一写，那样效果就更好了。

从以上几个教学片段，我总结出了以下几个阅读教学策略：

1. 找重点语句，总结段落大意的策略（《将相和》）。

2. 段落关联，总结课文主要内容策略（《将相和》）。

3. 段落关联，明晰逻辑关系策略（《将相和》《颐和园》）。

4. 低年级词语教学与阅读教学关联的策略（《我为你骄傲》）。

5. 运用词语，关联课文主要内容的策略（《我为你骄傲》《将相和》）。

6. 以语言现象为主线，理解文段，运用规律的策略（《尊严》）。

7. 结合字源，深入理解词语的策略（《尊严》《我为你骄傲》）。

刚才仅就我本次学习所听的15节课中，人教版课文的一些教学策略，谈了一些自己的想法。在大赛后的专家点评中，将这些课文分成三类：

第一类：《中彩那天》《尊严》《三个儿子》《生命 生命》。

这些是以事明理，以事述理的文章，宜由事及理。

第二类：《槐乡五月》《乡下人家》《会惊鸟》《颐和园》。这些是叙写景物情景交融的文章，需关注场景、情景。

第三类：《将相和》《草船借箭》《童年的发现》《水》《我为你骄傲》。这些是人物故事，宜讲讲故事，在事中见人。

回想听课的内容，那些得高分的课，也真正做到了根据语文的文章类型，恰当选择教学策略。我想专家的这些指导，为我们的课堂找准了方向，会帮助我们恰当地选择教学策略，让我们的教学与提高学生语文素养的教学总目标保持一致。

以上就是我的收获，在这里十分感谢学校领导，给予我这次外出学习的机会。我深知这次学习机会的来之不易，在学校闹人荒的时期，学校仍然没有改变派我们外出学习的计划，学校领导克服了多大的困难！同时，要感谢在我外出期间，帮我串课的主任，帮我代课的学年老师，帮我代班的吴蕴迪老师。感谢大家帮我解除了后顾之忧！这一切，让我感到了"香一"大家庭的温暖！谢谢大家！

（韩　笑）

李清工作随笔

　　小学的学习，知识的传授还在其次，学生良好习惯的养成、优秀品德的塑造才是第一要务。多年的班主任工作，使我深刻地认识到班主任工作成功与否，其中很大的一个因素在于对班级中几个"后进生"的教育上。这些学生在班级中起着举足轻重的作用，影响着整个班级的精神面貌。实践证明，师生之间建立良好的感情不仅是一种教育手段，它本身也是一种教育！教师的爱是打开学生心扉的金钥匙！俗话说"通情达理"，我想情若通，理定达。

　　在多年不间断的学习中，我懂得了对待特殊的孩子不仅需要班主任耐心的教导，爱心的奉献，更需要我们充满智慧的塑造！坚持以正面教育为主，表扬与批评相结合的原则，紧紧捉住"闪光点"，用真诚的表扬来激励和鼓舞学生，使他们体验到爱护和尊重、信任和支持的快感，从而迸发自信、奋发向上的决心和力量，同时，也要严格要求他们，诚恳而热情地指出他们的缺点，帮助他们克服，不能一味姑息迁就。只有依靠我们班主任细致入微的观察、世事洞明的判断、临场应变的机智，依靠灵活多变的教育方法，才能引导学生们走向成功的彼岸。

我坚信，每一朵花都有盛开的理由，每一棵草都有泛绿的时候。我愿用爱心启迪童心，用智慧培育英才，永远在班主任之路上奋勇前行！

（李　清）

用爱心启迪童心，用智慧培育英才

转瞬间在班主任的岗位上我已度过 16 个春秋。16 年来，我最深的体会是：我们的工作是快乐与辛苦同行、是责任与使命的担当，它需要爱心与智慧的浇灌，才会收获花的芬芳、果的甜美。

记得 1996 年，刚刚毕业一年的我怀着对班主任工作的无限向往，全身心地投入到所带的第一个班级中去。每天与 66 个一年级的孩子在一起，他们成了那时我生活中最重要的一部分。我牢记"亲其师，信其道"的古训，用爱的微笑去征服学生的心灵。每天，和孩子们一起学习、劳动，一起聊天、做游戏……虽然辛苦，但是很快乐。

我发现，做学生喜欢的老师确实可以大大提高教育教学效果，我班的孩子比一般的孩子更懂事、更听话，他们不需要我严厉的批评，犯了错误，只需失去笑容的注视就可以了。当时的我觉得当班主任挺简单的，除了工作琐碎点儿，说的话多点儿，眼神的教育和游戏的组织足可以驯服这些小家伙。就这样，爱心滋润着童心，我和学生们一起度过了一二年级这段最无忧也最美好的学习生活。

可是，随着年级的提升，我发现这些原本听话的孩子们渐渐变得有个性，毛病也多起来了。犯了错误能狡辩了，会撒谎了，有偷拿别人东西的现象了，一言不合开始动手打架了，作业不完成的现象也时有发生。我知道，这是孩子们年龄特点带来的变化，再想象小时候仅仅止于有爱心、耐心、劝告就想让他们听老师的话那是不可能了。该怎么办呢？那段时间我很烦躁，每天想着如何围追堵截避免他们再犯这样那样的错误，思考着学生犯了错误该怎么教育才更合适，纠结着批评教育时，他们拒不承认，顶嘴我该怎么办？这个时候，我才明白为什么会有人说"世界上最难的是教育"。

为了能做一名称职的班主任，我查阅了很多教育书籍。渐渐地我懂得了对待学生的教育，不仅仅需要耐心的教导，爱心的奉献，不只需要公正公平、理解宽容、幽默鼓励，更需要班主任充满智慧的塑造！这种爱的智慧就来源于我们细致入微的观察、世事洞明的判断，更来源于我们临场应变的机智。我告诉自己，不要怕学生犯错，事实上每个人的成长不都是一个不断犯错与改错的过程吗？正所谓"吃一堑，才能长一智"。

明白了这些，我马上调整了自己的教育方法，既然是年龄的增长带给学生心理的变化，我不如就遵循他们的心理特点实施教育。如果说一二年级的孩子惦记的是个人的小荣誉，那么中高年级的孩子更重视集体荣誉。于是，我把对班级群体的塑造摆在了教育工作的首位，想通过良好班风的建设，来影响学生个体行为的发展。我想一个好的班集体需要通过丰富多彩的活动来带动，这样才能更好地激发学生的集体荣誉感。当时，我们班刚刚升入三年级，学校正好组织庆十一歌咏比赛，我就想抓住这个契机好好培养学生们的集体荣誉感。

我特意选了一首充满童趣的《刨冰之歌》，并为它编上了一系列有趣的动作，其中一个特别夸张的动作是集体边唱边甩头。由于这个动作的幅度很大，频率也很快，一开始学生们总是甩不齐，因此，每天我在完成正常的教学任务之后，就带领学生一遍遍练习。那段时间，学生们格外听话，没发生一起打架事件，课余时间，教室里除了歌声，就是笑声。由此我感到：一个集体，如果有一个共同的努力目标，人与人之间就会更加互相理解，相互包容。正式比赛那天，我亲自指挥，带领同学边唱边做动作，我与学生们那整体划一的甩头动作，新奇别致的表演，都深深地吸引了全校师生，一曲完毕，全场掌声雷动！我看到舞台上，孩子们的腰挺得是那么直，小胸脯挺得是那么高，稚气的小脸上洋溢着兴奋与自豪。最终，我们班以全校总分第一名的成绩，取得了比赛的特等奖。那次活动过后，我明显地感到学生们对我提出的要求更信服了，他们的集体荣誉感大大增强了。

心理学说：一切外因都要靠内因起作用。我想，要让学生彻底改变，最终还是得通过他们的自我约束来实现。上学的时候我就十分信服"皮格马利翁效应"，所以，我也把这期待的效应用在我的班级管理中。我想用来自教师的高期望实现学生的自我约束。因此，我经常给学生戴高帽。只要班级同学有好的表现，取得了什么成绩，或是得到科任老师的表扬，我都会一一学给孩子们听，大力表扬他们。用这些点点滴滴的成绩影响学生。渐渐地，班级中不良的现象少了，偶尔发生，没等我说呢，就有其他同学出言制止，我们班的班风班纪空前的好，这得到全体任课教师的好评。我曾经一度苦恼的心又快乐起来了。

然而，班主任的工作不会总是一帆风顺，每个班级，总会有一些个性鲜明、难于管理的学生，他们常常使我们头疼万分，无从下手。处理得好，他们可能成为教师的得力助手，如果处理不好，就有可能成为班级的累赘。所以，除了班级群体塑造之外，我的又一大工作重点是学生个体的转变。

大部分班级都会有中途转学的插班生，除了搬家的原因，往往这样的学生都是学习纪律不好的"后进生"。像我带的第二个班四年级的时候，就曾经转来一名叫聪聪的男孩。据他妈妈讲，孩子在原来的学校已经超过半年不写作业了，学习是一落千丈，实在没办法，才转到我们学校的。经过细心观察，我发现这个孩子其实很聪明，就是很懒惰，凡事需要人督促；父母忙，没人管，学习落了很多；他的身上，作业本上总是透着一股浓浓的烟味，可想而知他在怎样的环境中学习。了解了这些情况，我首先与他谈心，让他明白家长费尽心力给他转学的苦心，告诉他新的班集体是他转变的大好机会，老师愿意帮助他克服所有的困难，帮助他改掉不足。接着，我利用午休、放学后的时间，集中给他补习所落的知识。如果哪天他的作业没有完成，我就陪着他把落下的作业一一补上，并亲自陪着他给各科老师送去。经过一个学期循环往复的思想工作和补习，渐渐地，他的作业基本能按时完成了，学习成绩也提高了。一年过去了，他的成绩在班级排23。尽管学生们不知道班级排名情况，但我却把这个喜讯偷偷告诉给了他，望着他小脸上绽开的笑容，我仿佛看到了一个正在破茧而出的蝴蝶，我也为聪聪的进步而欢欣！他妈妈看到儿子的进步喜极而泣。教师节，他和妈妈手捧锦旗把"师爱无私奉献，谆谆教导有方"12个烫金大字送给了我。我知道这是家长对老师深深的感激，是对孩子美好未来的期盼。此时，我更加清楚地意识到一名班主任肩负的重任！

　　也正是这份信任与责任，鞭策着我积极学习先进的教育理念和方法。经过一段时间的学习，我发现许多前辈针对学生个体的转变，创造了很多教育方法，其中有我们熟悉的奖励法、激将法、震撼挫折教育法，还有我们不熟悉的像"点金指""顺推手""作茧自缚法"等方法。这些方法给了我很大的启发。于是，我也把这种方法尝试着运用到自己的教育工作，还别说，真的很有效。

我带的第三个班级中有个叫小豪的男孩，父母都是高级知识分子，听她母亲说，他从小个性就很强，不容易承认自己的错误。在家里，犯了错误，如果批评他，他会大声喊叫，拒不承认，严重了会浑身打战、抽搐。所以，家里人尽量避免与他发生冲突。因此，对他的教育我也一直很委婉。可是在五年级的时候，有一天，我去参加全区教研活动，回来听说班级纪律表现不好，于是我让全班同学写一篇名为《下午，我的表现》的日记，我的话音刚落，只见宇豪腾地一下站起来，说："老师，我很认真学习，没有说话，凭什么要我写？"看他那毫不在乎的样子，我第一次对他很冷淡地说："你是不是集体中的一员？集体的荣誉你分享，那么集体的耻辱你也要分担。"他一听，可能感到我没给他面子，脸腾地一下红了，脖子马上梗起来了，怒气冲冲地说："你不是说，犯错误的人数不超过 10 人，不会连累大家吗？怎么现在又让我们所有人都写反省日记呢？太不公平了！"我和同学们都没想到他能这么激动，如此跟我针锋相对，一瞬间教室里静极了，只能听见他激动的喘气声。当时我就想：五年级的孩子即将毕业，本来心就有点散，当着这么多同学的面，他这样对付我，如果不把他"拿下"，今后我还怎么教育别人？必须把他说服！于是，我先说了为什么让大家写反思日记的原因，接着又从他跟老师说话的态度上批评了他，可他的样子，根本都没听进去。这可怎么办呢？想到他刚才的话，我灵机一动，说："你说大部分同学都很好，只有个别的表现差，个别是几人？"他可能急于表白，"5人"脱口而出。我一听，心里就乐了，不可能只有 5 人，就我班这群个性十足敢说敢表现的孩子，也许因为经过很多次大赛的历练，一直敢说敢表现，真是淘起来，绝不仅仅是这个数。于是我马上问：如果超过 5 人怎么办？他一听，有点犹豫，不过还是说：那我认写。于是，我把目光在全班同学身上转了一圈，对同学们说，今天下午，谁认为自己没能按照老师的要求做，请起立！说实话，我班的孩子虽然一个个个性十足，但从小我就很注重培养他们说实话，敢作敢当的品质。平时，如果他们能主动承认错误，我一般都不会追究，所以在这较真的时候，还真没掉链子，哗，起来了 2/5 的同学，这时，我紧紧盯着小豪，什么话也没说，当他看到站起来这么多人时，他的神情马上从愤怒变为错愕，接着蔫了。这件事中，我就借用了作茧自缚的方法。

在我带的第三个班级中，像小豪这样脾气特殊的孩子有好几个。几年来在与他们的斗智斗勇当中，我逐渐认识到不同的孩子、甚至同一个孩子在不同的事情中的表现，老师采取的教育方法都应该有所差别，否则，很容易发生严重的后果。像小豪，如果他真的耍蛮使横、号啕大哭，就要采取冷处理，充分发挥看的作用，先不进行说服教育，就看着他哭，让他毛。如果振振有词、不服软时，就要坚决打消嚣张气焰。但如果是一个性格十分内向的孩子，就绝不能这么教育。像我们班的小哲同学，他平时很少说话，有自闭的倾向。一年级的时候，还没有见到学生，他妈妈就找到我跟我介绍孩子的性格，尽管经过几年的引导和教育，他已经能回答老师提出的几句家常的问话，课堂偶尔也能主动回答问题，但跟其他同学比还是显得沉默寡言。有一次别人告他的状，我还没说话呢，他突然大喊一声："我没有！"接着就泪流满面。说实话，我也没想到他能有这番表现，虽然这一喊，很不合适，但我想，能把一个平时很少说话的孩子逼得大喊，肯定有原因。即使没有冤枉他，有自闭倾向的灏哲能及时把心中的想法勇敢地表达出来，这也是很难得的，如果这时批评他，也许会对孩子的心理造成很大的打击，得让他冷静冷静。想到这，我笑了，故意用风趣的语言，轻松的表情，说一句"看把咱小哲急的，定有隐情，下课再说……"下课了，我该干嘛干嘛，没有批评他一句。

晚上，接到了孩子母亲的电话，说了小哲回家的后悔，主动把这件事学给了妈妈，想通过妈妈向老师表达歉意。听到这番话，一瞬间，我有一种十分幸福的感觉，这不正是学生靠自我反省受到的教育吗？于是我借此机会让小哲接听电话，语重心长地跟他交流了应该如何面对这样的事情，小哲非常平静地接受了我对他的教育。这件事的处理，既教育了小哲，又呵护了他敏感的心灵，这都是因人而异的教育策略带给我的帮助。

现在回想这些教育的片段，留给我许多玩味和感慨，我想，对待这些特殊的孩子，尤其需要我们老师的爱与智慧，了解他们的长处和短处，理解他们的思想和感受，小心地接触他们的心灵，赢得他们的信任，只有依靠恰当的教育方法，才能引导他们走向成功的彼岸。去年，我的这个第三个大循环班级刚刚以十分优异的成绩毕业，其中，7人考上了工大附中，8人考上松雷奥班，1人全免，1人半免。我为学生们优异的成绩而欣喜，更为他们积极向上、快乐进取的健康心态而欣慰。如今，我又带领着57个一年级的孩子们开始了我的第四个大循环班级的征程。这些刚刚入学不到一年的孩子们，在上个月的22日，代表哈尔滨市为来自全省各地的语文教师展示了一节"好书推荐型读书会"，得到了省、市级多位专家们的好评。

回想这16年班主任的工作，可以说一路艰辛一路歌，我为自己一直行走在最接近童心的世界而倍感骄傲。我坚信，每一朵花都有盛开的理由，每一棵草都有泛绿的时候。如今，最美教师张丽莉的壮举更是影响着我，感动着我。我愿在班主任这光荣而又神圣的岗位上不断前行，用爱心和智慧，努力做学生良好习惯的养成者、快乐的制造者、幸福的守护者，尽我最大的努力为学生创造一个竞相开放、多姿多彩的童年。

（李　清）

长春学习讲座

各位领导、老师:

　　大家好! 今天很荣幸在这里把我和郭玉宏在南京为期4天的学习情况向老师们作以汇报。

　　首先感谢领导给了我们这次难得的学习机会。这次我们参加第十六届《现代与经典——儿童阅读理论与实践》专题研讨会。虽然时间不长,但带给我们许多启发与思考。

　　研讨会共有3位专家进行讲座,一位是东南大学的乔光辉教授,另一位是苏州大学附属中学高万祥校长,还有就是非常著名的合肥市第六十二中学小学部语文教师、班主任薛瑞萍老师。如果说前两位主讲人是站在一定理论高度畅谈文学传统经典的一些理念和知识框架,那么第三位薛瑞萍老师则是完全立足于实践向我们介绍了她在经典诵读方面的具体做法。而我们学校正好是在书香校园建设方面很有特色的学校,所以,我觉得有很多做法我们可以借鉴。

　　下面我就把整理后的一些内容向大家作以汇报,希望能给老师们带来一点启发。

一、首先分享几个理念（课件）

· 教育是创造幸福的事业，语文是分享快乐的活动。

· 自己快乐，让学生因为你的快乐而快乐。

· 生命、善良、高贵是语文教师的幸福。

·最好的教育是自我教育，而这一定是从读一本好书开始的。

二、那么阅读能给我们带来什么?

1. 阅读能给我们带来思想的尊严。这是一种精神的富有。

2. 阅读能给我们带来爱心。多读优秀知识分子的专辑，它能使我们敬畏生命。

3. 阅读能给我们带来诗意和温暖。

这些都是我们已经实实在在感受到的。

有人说：经典阅读越早越好，方法越简越好。韩新娥老师的课内海量阅读，就是读、圈、读、背、积累。把经典阅读课内化。让小学校园变成童话的世界，童话的殿堂!

三、儿童经典阅读的意义：

1. 最好的伦理教育。

2. 最好的情商教育。

3. 最好的想象力、创造力教育。

所以有人认为儿童经典阅读是最好的个性教育。因此，高万祥校长在他的学校中，为每一个学生提供了在 3 年之中，人人都能背诵 200 首古诗词，人人都能读 40 部文学名著，人人都能看50部经典电影的条件。他认为："世上几百年旧家，无非积德；天下第一件好事，还是读书！"他说，语文老师应该成为校园的读书英雄。我想，除此之外，我们小学还可以加上在5年内，让学生在学校能聆听成百上千的经典故事，如果都能做到，从我们学校毕业的孩子，他们的知识储量将会是非常渊博的，他们将会是一群心思细腻、善解人意的孩子。

四、薛瑞萍老师的观点：

　　薛瑞萍老师是一位笔耕不辍的勤勉、有思想、有个性的老师，她出版了很多优秀读物，她也给老师们推荐了很多优秀的读物。一会儿郭玉宏给大家进行详细介绍，我在这里就不赘述了。我就介绍一下她在班级内进行诵读方面的具体做法。

　　薛瑞萍老师赞赏沉静的教师，她说：沉静，是幼儿教师、小学教师最高贵的品质。别喊、别叫，教育学生说教少一点，讲故事多一点。他们班有一个活动，叫每周一讲，一周讲两次。这两次都讲的是同一个故事。第一次是绘声绘色地讲，第二次是边讲边问，引导学生跟她一起讲。她给进行经典诵读的老师们的忠告是：要用数学的精神做语文。自主默读不能早（应该在四年级以后）。不要求多，不要求快。四年级以前，老师领全班诵读、听读、看图画读书。她把儿童阅读课程化，每天进行《日有所诵》《班级读书》，高年级加入《全阅读》《我爱吟诵》，每周一讲。由于5岁左右，是识字的敏感期。7岁以后是练习记忆的阶段，通过故事和比喻来学习，让孩子慢慢地长大。阅读能使人变得绵软。正所谓"读好书，走正道；书香班级，是非少"。

　　薛老师每天7:30之前到校。

　　7:30—7:40，学生拿着自己前一天借的书排队跟老师换书。

　　7:40 早自习，开始进行《日有所诵》，一个单元内容读两遍。10 分钟一个单元，《日有所诵》共有 6 本，一年 1 本。内容从儿歌、到童谣、到古诗，到诗词。涉猎很广。

　　7:50 左右，进行吟诵。

　　如果还有时间，就读课文。

五、《我爱吟诵》的方法

1. 吟诵的基本要求

　　普通话分为阴平、阳平、上声、去声，其实在南方还有一类字发特殊的音，统称入声字。入声调类在我们北方普通话里已经消失。吟诵的时候：

　　·平声，即一声和二声读得长，仄声及三声、四声的字读得短，这是通常我们所说的平长仄短。入声字（·）读得格外短促（例如碧、白、一、落、七、八、不）。

　　·平声字读长音有规则：一三五不管，二四六分明。这里的数字代表第一个字。

　　·押韵的尾字发音要拖长。

　　例如：杜牧的《清明》这首诗。应该这么吟诵：

　　　　　　– -- - · 1 -- --
　　　　　　清明时节雨纷纷，

　　　　　　1 1 - -- · 1 --
　　　　　　路上行人欲断魂。

　　　　　　1 1 1 -- - 1 --
　　　　　　借问酒家何处有，

　　　　　　· -- - 1 1 -- --
　　　　　　牧童遥指杏花村。

再举个例子：黄鹤楼送孟浩然之广陵(1)

1 -- - -- 1 --

故人西辞黄鹤楼，

- -- 1 · -- --

烟花三月下扬州。

- -- 1 1 · -- 1

孤帆远影碧空尽，

- 1 - -- - 1 --

唯见长江天际流。

2. 有一本书叫《我爱吟诵》，还配有光碟、音乐，薛老师在用

这个吟诵的技巧，不是一朝一夕就能熟练掌握的，如果我们学校要吟诵，一周练一首足矣。

六、总结

林林总总说了很多，我个人很喜欢《日有所诵》和《老师讲故事》这两个活动，我认为能很好地帮助学生储备知识，提升语文素养，而且操作起来也比较简单。好，我就汇报到这里，谢谢大家！

（李　清）

让激励性评价伴随学生快乐成长

　　王平，哈尔滨市香坊小学三年三班班主任教师，小学高级教师，中共党员。从教 25 年来，曾获得市区优秀班主任、优秀教师，市十佳百模"千优"教师、市最美教师、首届冰城我最喜欢的班主任等荣誉称号。曾经获得国家级班会课设计一等奖、读书交流获得省语文名师精品课展示、市级优质课课题课一等奖、区德育实践活动课一等奖、区主题读书教育演讲一等奖，全国语文读写大赛中获得优秀指导一等奖等多项奖励。"默默耕耘，无私奉献"是我矢志不渝的追求。不会因为年龄的增长而失去对教育的热情，始终把一颗赤诚之心放在班级，放在每一个孩子身上。三尺讲台，辛勤耕耘，虽然每天都在忙碌中度过，但是我很充实，我的快乐带给班级中每一个孩子，和孩子们共同走过收获的每一天。因为我始终坚持用心去做，用爱去耕耘终生！

　　"激励"，激——使劲，使人的感情调动起来的意思；励——劝勉、鼓励、奖励。"激励性评价"是：以激发、鼓励、勉励等教育方法，营造"在激励中学习，在激励中成长"的教育环境，调动不同程度的学生奋发向上的自觉性、积极性、主动性。

　　在平时的教育教学工作中时，我尝试着使用多种激励性评价方法，努力提高学生学习的热情，促进他们快乐地成长！下面将自己工作中的点滴体会与大家分享！

我主要从以下两方面进行学生的评价活动和多元的激励性评价：

一、多元的活动性评价

1. 上学年度，学校进行了陶泥、纸雕等特色课堂活动，举行了拔河比赛，参观了森林博物馆，开展了北大荒冰雪活动、永泰城职业体验活动、新年联欢会等丰富多彩的课外活动，这样的活动我主要采取语言表扬评价的方法，对学生活动过程中的闪光点及时肯定和鼓励，激发学生参与的热情。同时活动中也进行了竞赛，既培养了学生的竞争意识，又促进了学生参与活动的积极性，增强合作和团结意识！学生把参与活动当成一场比赛，以饱满的热情积极地参与其中，其乐无穷！

2. 在班级活动中，国庆节前夕，组织生日联欢会，和学生一起庆祝新中国的生日，也庆祝孩子们自己的生日，增强学生对我们伟大祖国的热爱之情，同时，学会感恩，懂得感恩，感恩父母，感谢老师，感谢身边的每一个人。圣诞节组织圣诞联欢会，了解西方的节日，增加对祖国传统文化的热爱，活动中给孩子们准备生日蛋糕，准备圣诞帽、圣诞果等，班级开展这样的活动能给学生的生活注入"活水"，使他们爱上生活，只有爱生活，才会长出一对寻求的眼睛，才会去追求美、去创造美，理想的风帆就会张开，学习的动机才会启动。

3. 上学期，家长们积极参与了班级和学校组织的各项活动，有新学期的搬家工作、去花卉大市场为班级买净化空气的绿萝、班级的生日会、永泰城职业体验活动、新年联欢会的布置和参与、北大荒冰雪活动、班级分担区的清雪工作等。我深知教育是学校、家庭、社会共同发挥作用，形成合力的行为，家长参与班级管理，既是他们的权利，也是教育教学规律的要求，所以我倡导家长们积极参与班级的管理和各项活动，班级管理因为有了家长的参与，才更美好。学生需要鼓励，需要表扬，家长同样也是。家长为班级服务，作贡献，积极参与班级的各项活动，其实都是因为他的孩子生活在这个班级，他们希望自己的孩子能够在一个更加完善的环境中学习和生活。所以家长在付出后，老师也要及时地表扬和肯定。花有花的光彩，叶有叶的荣耀，而根也有根的骄傲。班主任就是"根的事业"，一个班级只有在全班家长的密切配合下，有众多家长参与到学校、班级和校家委会组织的各项活动中，才能使家校共育真正成为促进孩子全面发展的有效途径。

二、多元的学习性评价

1. 重视日常评价。班级黑板下是学习园地和光荣榜的展板，记录着孩子们平时班级各项测试的小能手的名单。开学初，每人发了一本日记本，日记本用作孩子们"贴星"台，每天早自习完成好的学生可以获得相应的星星，科任课被老师表扬的学生可以获得相应的星星，作业家长签字及时且没有错误的学生可以获得星星，一周之内没有违纪行为的学生可以获得星星等等，只要获得一定数量的星星就可以兑换相应的奖品，30~200 颗星星兑换不同的奖品。这样的方法大大激励了孩子们学习和生活的热情。除此之外，我也及时把孩子每天完成的课内外作业情况进行等级登记，完成好的为 A 等级，完成有错误但已经改正的打对号，未完成或者特殊情况如病假、事假全部记录在成绩单上，并每天及时向家长进行反馈，做到查漏补缺，同时也作为期末评定三好学生、区文明少年的条件。通过这样的日常评价，让每一位学生掌握个人自主学习和合作探究的方法，积极参与各种活动，在进步中感受成功的喜悦，增强学习自信，在评价中享受快乐、享受成功。

2. 关注期末评价。期末结束后，除了完成学校的《蜜香留溢》评价手册外，班级每名学生要单独发一张班级的期末评价单，评价单上有班主任教师的首语、学生期末学科课程学习情况及操行评语、学生一学期的在校表现（里面有优点、不足和改进方面）、家长作贡献情况、参与班级活动情况、孩子参与班级活动情况、教师寄语等多项内容，评价单上的所有文字资料均来自孩子一学期的真实表现，没有网上盗取现象，此评价单得到了全班家长的一致认可。从评价单上找到孩子存在的问题，便于及时地改进和提高！除了这张特殊价值的评价单以外，还根据学生一学期的学习、纪律各方面表现，班级进行"十之星"评选活动，"十之星"包括学习之星、文明之星、劳动之星、卫生之星、纪律之星、书写之星、作业之星、孝敬之星、进步之星、团结之星。采取了自评、互评、教师评等方式，在期末家长会时把评出的学生的证书放在黑板前进行宣传和表彰，我将德育教育渗透到"十星"评选之中，努力培养学生成为会生活、会学习、会做人的"香一"人！期末评价中，我还进行了星级家长和好家长的评选工作，同时为这些为班级积极作贡献的家长颁发奖品，激励家长主动参与到班级管理中。班级因为有了这群支持班级工作的好家长而更精彩。另外，学生在期末还可以每人得到一张光碟，上面记录着孩子们一学期的点滴收获，为学生的成长留下美好的瞬间。展望未来，相信依旧灿烂！

清代学者颜元说过："数子十过，不如奖子一长。"生活中如果我们给学生多一点欣赏鼓励，多一点期待关注，多一点尊重宽容，多一点浓厚的人情味，就可以多为学生创设良好的课堂心理氛围，让学生在一次次充满真诚与个性的评价中得到个性的张扬和学习成绩的不断提高，让每个学生都能在自尊、自信中快乐健康成长！

（王　平）

中华颂美德演讲稿

尊敬的各位领导、各位评委：

大家好！我来自香坊小学校，我演讲的题目是《追求梦想 播撒希望》。

犹如一阵春风，吹开了千里冰河；恰似一场春雨，滋润了干枯幼苗。"中国梦"，一句话霎时间传遍了大江南北，长城内外；是它凝聚起了华夏儿女的共同意志，是它承载了中华民族的美好期盼。中国梦圆要靠每个人的努力来实现。1993年的秋天，带着对教育事业的无限热爱，我站上了三尺讲台，开始了我的从教生涯。21年来，我坚守着教育的梦想，将执着追求与脚踏实地植入自己的教育生命，坚守教育工作中的点滴付出与积累，在奋力拼搏中不断成长，用自己的梦想去点燃学生的梦想。

课前，我认真钻研教学大纲，不断熟悉教材，认真科学地设计教学过程，根据学生的心理特点，大胆探索，用理论指导行动。课上，我大胆实践，用自己的教学魅力吸引学生、征服学生。争取将自身掌握的知识准确地传授给学生。用心去体会学生的每一个眼神、每一个举动、每一句言语，及时引导，耐心教育。课后，我认真批改每一个学生的作业，及时进行面批，发现问题及时改正，把每一堂课、每一本作业同早日实现中华民族的伟大复兴，同实现中国梦联系起来，我的心中，不再有"后进生"，让他们自爱自信、活泼好学，不让圆梦的主人心灵中再有阴霾，让"人类灵魂工程师"的作品不带瑕疵。我常常叩问自己：你给了孩子们什么样的课堂？你以怎样的方式在影响着他们？你是否带着他们走好了人生的第一步？所以，面对教育改革的今天，我大胆创新，脚踏实地，认真学习先进的教育理论和经验，努力提高自己的业务能力和教学水平，把爱贯穿到每一个环节中！利用飞信、短信、家访、班级群及时地与家长进行沟通和交流，在班级的各项工作中家长委员会献计献策，使班级的各项工作都走在了前列！面对今日的花朵、未来的栋梁，我及时发现孩子们各自的亮点，把他们不良的行为消灭在萌芽之中，教育孩子从小要热爱集体，团结合作，用爱心帮助有困难的人，懂得感恩。让每个孩子都自信满满地迈出人生的第一步。我赞赏他们的优点，让他们继续追求生命的高度；放手让他们在实践中锻炼，在磨炼中成长。他们曾经参加了香坊区团工委组织的为期 4 天的少年军校活动，参加了省电视台童心向党活动，他们和爸爸妈妈一起走向了社会、走进社区，参加香坊区志愿者联盟活动。他们为四川雅安募捐，他们参加了香坊区关工委组织的军旅拓展游戏夏令营，一项项活动，让孩子们得到了锻炼，也为实现自己的梦想迈进了一步！

　　中国梦是中国每个人的梦，为了伟大的中国梦，我从不后悔选择教师这个崇高的职业，在这个翰墨飘香的"香一"校园，我不知疲倦地学习和工作，在学校的团队中不断汲取自己的教学力量，始终以饱满的热情投入到每天的工作中，时刻保持谦虚谨慎、勤奋刻苦的工作作风，时刻保持一股强大的活力和不竭的动力，时刻把激情和高昂的斗志带入工作中，热情对待每一名学生，真心对待每一位家长。促使自己不断进取，不断升华。现在我可以骄傲地说，作为老师，我已经行走在追梦的路上。我的梦想承载着孩子们的未来，承载着家长的期盼，更承载着国家的希望！看着一个又一个充满希望与梦想的花朵在我的细心呵护下绽放，我感受到了作为教师的幸福！但今天的幸福不是我的终点，对明天而言，和未来相比，这一切是那么的微不足道，你的梦，我的梦，我们大家的梦，汇聚成生生不息的中国梦。为了中华民族繁荣富强的中国梦，我愿意，献身教育，奋斗终生！

　　谢谢大家！香坊小学教师王平。

（王　平）

不忘初心，做臻美教师

　　我热爱教师这份职业，因为热爱所以更珍惜。在担任班主任工作以来，更深切地体会到了作为老师看着自己所教的孩子一天天成长，知识量不断增长的同时，各方面能力也得到了锻炼，欣慰又欣喜，更是在孩子的成长中感受到了自我的价值，我想，这是很多人不能体会的。

　　班主任工作是一项既艰巨又辛苦的工作。说其艰巨，是指学生的成长、发展以至能否成为合格人才，班主任起着关键性的作用，说其辛苦，是指每天除了对学生的学习负责以外，还要关心他们的身体、纪律、卫生、安全以及心理健康等情况。于是我全身心地投入到班级中，不仅注重学生的学习，能力的提升，更关注学生的点滴成长。面对新的挑战，我更是打起十二分精神，坚持每天早来晚走，与学生同劳动、同学习、同休息、同锻炼、同欢乐、同悲伤。平时从未耽误过一节课，去年，心肌炎病发，医生建议我住院，我没同意，为了不耽误给孩子们上课，我利用科任课时间去医院打吊瓶，边打针边批作业。我的工作得到了学校领导、学生、家长们的一致认可。一个个为了学生的不眠之夜，让我学会了坚强，更让我体会到了为学生付出的快乐。

我认为：我的生命是有价值的，我用实际行动诠释了"师者，所以传道、授业、解惑"这一经典论述；我的生命是有意义的，因为我践行了"学高为师，德高为范"这一诺言。爱无价，情永恒，为了教育的最高境界，为了学生的发展、为了教师的发展、为了学校的发展，始终用自己的爱、自己的情，永远在教育路上跋涉着、耕耘着、探索着、追求着……我明白，要想做一名既"全"又"进"的教师，一定要"进"才行，无论在教育岗位上多少年，我对教育的初心不变，我对教育的付出不减。今后的工作中，我将继续努力，刻苦钻研，以更饱满的热情投入其中，让教育的光芒更灿烂！

（楚莎莎）

用爱心浇灌花朵

　　我是一级教师，区级语文学科骨干教师、香坊区德育骨干教师。现任香坊小学校一年级班主任。曾获得区优秀班主任，区先进个人，区优秀共产党员，香坊区"四有"好老师标兵，师德先进个人，香坊区政府记功等荣誉。任教班级曾获得市优秀班集体，徐特立班集体等称号。多次参加各级各类展示课、研讨课，得到领导和同行的一致好评。

　　我始终带着一颗"爱心"去工作，让学生感受到老师是真心的关心他们、爱护他们。即使他们犯了错误，也能很快接受老师的教育，并加以改正。只要是岳男老师的学生，无论成绩好坏，我都一视同仁。对性格孤僻的学生，给予更多的关心和帮助。这种爱，是对学生思想形成的正确引导，更是对学生生活实实在在的关心。我坚持与学生平等相处，鼓励他们谈自己的想法，尽量使师生之间形成一种交流的习惯。人的感情是相互的，我的真诚学生是能感受得到的。我作为老师，坚信只有当学生接受了你这个人，才可能以主动的态度接受你的教育。

　　经过 14 年的班主任工作，深深地体会到一名教师的责任多么重大。一句话、一个眼神、一个举动都可能给学生以极大的影响。这种影响可能直接决定一个孩子今后的人生轨迹。所以我一直坚持做到：有爱心——从心里喜欢每一个孩子，把他们看成自己的孩子；有耐心——每个孩子就像一棵小树，在成长的过程中难免会长出一些歪枝斜杈，而我必须及时用恰当的方法帮助他们改正错误；有细心——班主任工作十分繁杂，我们必须面面俱到。注意到每一个孩子的每一丝变化，及时引导，指正。归根到底，教师最重要的是责任心，要对孩子的一生负责。

　　我把一生矢志教育的心愿化为热爱学生的一团火，将自我最珍贵的爱奉献给孩子们，相信今日含苞欲放的花蕾，明日必将盛开成绚丽的花朵。

（岳　男）

与孩子共同成长

　　我是一个有着 20 年教龄的教育工作者。在平凡的班主任岗位上默默奉献着青春和汗水。这些年来始终坚守着一个信念：那就是对工作脚踏实地、真抓实干；对学生要真情实感，富有爱心；对社会要真诚奉献不计名利。正是拥有这个信念，从未放弃对工作的热爱，任劳任怨，尽职尽责，勇于创新，谦逊敬业。看着幼稚懵懂的孩童长成儒雅有礼的少年，收获着从教的喜悦与甘甜。

　　打开记忆的大门，翻看经历的岁月，一帧帧图片镌刻下美好的时光，长留心田。

　　7 年前小小的她们从"香一"走向理想的中学，如今他们早已长成风华正茂的青年，蓝天、海洋，世界各地，北大、交大，文艺、体育，他们在更广阔的世界里锤炼自己。

　　成为小学生，戴上红领巾，那日子仿佛就在昨天。5 年的光阴我们互相做伴，5 年的时间我们互相见证，5 年的日子里我们共同成长。感谢遇到过的好孩子们，好家长们，何为"好老师"，就是大家的相遇相聚，相互成全。

　　多次的市、区、校级优秀班主任，多次的"记大功""记功"，多篇的论文与成果，多次的课堂展示与交流。成绩属于过去，未来才属于自己，我唯有勇于进取，不断创新，才能取得更大的成绩。我愿和现在的孩子们再经风雨，再历磨炼，再取成绩，再创辉煌。

（郭玉宏）

我们到底需要什么样的课堂纪律

　　课堂纪律是课堂秩序的有力保证，现在的课堂纪律大多追求"有序"。"有序"即秩序井然，意味着高效。应当承认，"有序"可以减少教学过程中的干扰，顺利实现教学目标，从而确保对效率的追求。但是，"无序"和"有序"一样不可或缺。有序性中包含着无序性，无序性背后隐藏着有序性，二者是辩证统一的。如果对"有序"过于关注或追求，势必使"纪律不再是手段，而成为目的，纪律不再是教学的保障措施，而成为教育内容本身"，即遵守纪律不仅是一种事实性认识，同时亦成为一种规范性的认识。学校的尊严要求纪律具有不可挑战性，群体生活中的参照性决定对违背纪律的惩罚。纪律拥有了事实价值之外的规范价值，且规范价值远大于事实价值，成为不可挑战的学校制度。如此一来，"儿童完全沦为学校和教育的附属品，学生是属于学校的，教师成了学生的监护人，把学生包裹起来，与日常的生活世界隔离开来……他们不再对新鲜事物感到惊奇，不再对日升日落的绚丽景象感到惊喜，不再有创造性和想象力"。

　　所以，在我看来，课堂纪律应该建立在人性的基础上，尊重生命的要求，而不是在压抑生命需要的基础上为了某种外在的利益而对学生进行控制的手段，用动态生成的观点来调控课堂，使课堂教学蕴含着巨大的生命活力，只有师生的生命活力在课堂教学中得到有效发挥，才能真正有助于新人的培养和教师的成长，课堂上才有真正的生活。

因此，课堂教学应被看作师生人生中一段重要的生命经历，是他们生命的有意义的构成部分，而不应仅仅是教师硬性调控下的一个死气沉沉的课堂。

（刘雅洁）

爱
——润物细无声

在近20年的班主任工作中，"班主任工作实在是太苦、太累、太烦……工作的压力之大溢于言表。"这是许多班主任共同的心声。至于我也感触颇深，工作中有几分劳累，几许收获，我咀嚼过失败的苦涩，也品尝过成功的甘甜。经历过一次次心灵的历程，我认为做班主任老师是不乏味的、没有遗憾的，是充实的、完美的。

与学生接触最多、联系最密切的人当数班主任，学生能否健康成长，班集体能否积极向上，主要取决于班主任的工作。因此，我们应该"捧着一颗心"来做学生信赖和爱戴的班主任。作为班主任，一是要热爱学生，尊重学生；二是要多鼓励、多引导，多一些理解，少一些指责，多一些宽容，少一些歧视；三是学生出现问题要及时沟通，及时交流，并做好心理疏导工作；四是要引导同学形成相互尊重、信任、支持、帮助、包容的团结合作精神，为学生的个性品质得到全面和谐的发展创造条件。

怎样做一名优秀班主任？

小学班主任工作面对的是6~13岁的儿童，谁爱孩子，孩子才会爱她，用爱心和管理才能教育好孩子。班主任要善于接近孩子，体贴和关心学生，和他们进行亲密的思想交流，让他们真正感受到老师对他的亲近和"爱"。爱生如子是做好班主任工作的关键。

一个班有良好的班风，学生在此生活学习，健康成长，乐在其中；教师上课兴趣盎然，乐在其中；班主任管理得心应手，乐在其中。因此，用民主平等的方式去营造良好的班风，是行之有效的。

要努力去营建一个民主平等的氛围，使每个学生将这个班当作自己的家，人人都爱她，时时都想着她；与她共荣辱，同忧患，可以从下面几个方面着手：

第一，班主任应放下师道尊严的架子。

要让学生真正感到在这个班集体里面，老师是其中的一员，与他们是平等的，那班主任首先应表明这一观点，告诉学生在这个群体中，老师只不过是领头雁而已，这样说更应这样做。班级大事大家拿主意，然后集体作出的决定，切不可专制独裁，为追求一种所谓的威严而失去人心。比如班规的制定，大家出谋划策然后举手表决，一旦形成制度就严格执行。执行时，人人都是裁决者，班干部或班主任是执行者。这样一来，谁也不愿去违反自己做出的规定，即使犯了规也甘心受罚并力争少犯。慢慢地，同学们的自觉性、集体荣誉感会在无形中形成。

第二，班主任做个标准的天平。

平等地对待每个学生，关心每一个学生，不偏袒优生，漠视差生，这是班主任工作中至关重要的一环。班主任在管理过程中，优生犯了规，要严肃处理，差生心理脆弱，本身就有自卑感，又最易犯错，因而处事过程中，切忌伤他们的自尊，心平气和地说理和教育，有耐心地去引导他们才是最好的方法。他们一旦有一点儿进步要大力表扬，让他们找回自信。另外，一个班级中，无论男女，不管优劣，班主任都应从生活学习、思想意识等各方面去关注。平时多走近他们，谈心交流，利用班会课共同解决一些矛盾，读一些好文章进行引导；努力走进他们的生活，了解他们的思想，再走进他的心灵。因而班主任要扮演好教师、朋友、父母等多重角色，也只有这样才会赢得同学们的尊重、信赖，形成一股强大的班级凝聚力。

第三，协调各科平衡，平等对待科任教师。

班主任是一个班的主心骨，不让学生重主科、轻小科，尊重主科教师，无视小科教师，这一点也很重要。这一平衡工作，首先班主任自己要有一个正确的指导思想。学生对科任教师的反映，科任教师对同学的看法，班主任要及时了解，在中间发挥好桥梁与润滑剂的作用，并且要有持久性。特别要求学生平等对待任何一科科任教师，不因自己的好恶而有所偏爱。这不仅是学习的问题，更是一个人修养与品德的问题。学生尊重各科教师，教师乐于走进这个班，学习的效果可想而知。

第四，班主任身教言传，热爱这个家。

现在对教师个人素养要求越来越高，而一个班主任的一班一行、人格人品对学生更是有着深远的影响。因此，要带好一班思想既单纯又复杂，既有主见又没主见的孩子，班主任就应该做好典范。比如班级大型活动，班主任热情投入其中，想方设法努力与同学们一道去共创佳绩。班级受损，班主任要勇于承担责任，不能一味地责备学生，相反还应鼓励或正确引导。班级事务，自己能做的，努力动手去做，如地上的纸屑、课桌上的摆设、窗帘的安放等。走进教室，同学们都在认真学习，弯弯腰，动动手，擦一擦，拖一拖，学生会看在眼中，自然会潜移默化地影响学生。切忌胡乱批评指责，然后指手画脚一番。另外，班主任要从心底爱这个家，爱这个家中的每一个成员。学生无形中会形成一种自我约束力，并模仿着为班级做一些力所能及的事。同学们互帮互助，平和相处，在一种轻松愉悦的氛围中学习生活，这是我们共同的理想。

第五，增强管理意识使班级更上一个台阶。

1. 完善班干部队伍。创建完善的班级管理体制，加入了新鲜血液，让更多学生得到锻炼的机会。明确班级努力和前进的方向，营造一个温馨而又充满朝气的学习环境。定期召开班干部会，总结工作中的得失，促进班级工作的开展。努力提高班干部的工作能力，经常找他们谈心，帮助他们改进工作方法，在适当的范围内放权，调动他们的积极性和主动性。

2. 做到事事有总结。无论是取得了成绩还是以失败告终，有活动就有总结，学生自己要总结，班主任要总结，使学生总结经验，吸取教训，明辨是非，积累宝贵财富。这是学生成长不可缺少的一环。

3. 开好班会。

第六，开展丰富多彩的活动不断提高学生的各种能力。

1. 说，学生轮流到前面进行自我介绍和即兴演讲，有助于增进了解，摸清学生的基本情况，同时还能发现学生的特长和爱好，有助于今后开展工作。

2. 写，经常布置家庭作业和小练笔，如《假如我是班长》《老师我想对你说》《我的家》《我的学习计划》等，评选出优秀小作家，通过写作活动，一方面学生们的写作水平有明显提高，另一方面有助于班主任了解学生的家庭、学习、能力等情况，能更准确地把握学生的脉搏，便于做学生的工作。

3. 同时开展"读一本好书，练一手好字"的活动。提高学生的综合能力。

第七，有细心，有耐心，有爱心——班主任自身素质的提高。

班主任的言行犹如城里高耸的大钟直接影响一大批人，所以作为班主任老师，要处处严格要求自己，表里如一，让学生钦佩。应做到以下三点：

1. 要细心，洞察一切，先做后说。首先，班主任有发现问题的能力；其次，身先士卒，如发现玻璃没擦干净，我先把抹布要过来，然后去擦，一直到擦干净为止，再如，地面有杂物时，我会亲手捡起来，扔到垃圾桶里。班主任这种潜移默化的影响，成效是无穷大的。身教重于言教，我时刻注意自身对学生的影响，处处以身作则，要求学生做到的，自己先做到，而且做得更好。

2. 有耐心，班主任必须有200%的耐心来对待学生的点点滴滴，就向对待自己的孩子一样，尤其是"差生"的转变工作，要准备打持久战。

3. 有爱心：教师要以真挚的情感和爱心去关心学生，爱护学生，尊重学生，从而赢得学生。要时时处处关心学生，动之以情，晓之以理，导之以行，用火热的心去温暖学生。

第八，捕捉闪光点——鼓励上进。

金无足赤，人无完人。再好的学生难免也有不足之处，再差的学生身上也有自己的优点，及时捕捉学生的闪光点因势利导，使他们产生积极的情感，从而以点带面促使学生全面进步。这是班主任工作至关重要的一环。抓住契机，鼓励上进。

班主任工作是平凡而烦琐的，让我们在实践中去探索行之有效的方法，使班级管理工作更上新台阶。

（王秋平）

教育从尊重开始

　　有人说：班主任是世界上最小的主任。也有人说：班主任是学校里最苦的岗位。自我参加工作以来，我一直担任班主任工作。在班主任工作中，我感觉，有几分劳累，几许收获。经历过一次次心灵的历程，我认为做班主任老师是不乏味的、是充实的。一个好的集体，没有每个老师辛勤工作，没有领导的支持，没有同事的合作，没有家长和社会的密切配合，班主任就是再有本事，也难以发挥作用，所以我在班主任这个岗位上的一点一滴，也就是只做了班主任该做的工作。至于我管理班级，没有太多经验，在领导、老师的帮助下，刚有些头绪。今天主要从以下几个方面，谈一谈我做班主任的一些做法和体会。

一、尊重学生的人格

　　关爱学生，首先要尊重学生的独立人格，哲学家爱默生说过：教育成功的秘诀在于尊重学生。当班主任要尊重学生的人格，才能从本质上热爱学生，教育教学和管理工作才能取得成功。班主任要在学生心目中树立示范地位，就是要尊重学生的人格，善待每一位学生，使师生关系平等，激发学生的自我肯定意识。民主、平等是现代师生关系的重要标志和特点。民主、平等的师生关系，既能发挥班主任的引导作用、教育作用，又能调动学生的积极性、主动性。师生关系融洽，能使班级气氛活跃，工作取得良好的效果。

二、明确育人的目的：正直，善良，智慧，健康

我认为，成人比成材更重要，要培养对社会有用的人，要让学生成为建设祖国的栋梁，必须要有强烈的社会责任感，积极向上的团队合作精神，丰富的文化科学知识以及健康的身体和心理。我结合学校要求在班里开展"五心"活动：忠心给祖国；爱心给社会；诚心给朋友；孝心给父母；信心给自己。从中让同学们明白我们是国家的主人，祖国的兴亡和我们每一个人有着很密切的联系，爱国，就要从身边的每一件小事做起，捡起地上的一片纸屑，不闯红灯，帮助同学，遵守纪律，爱护集体等等，都是爱国的行动。通过这样的教育，同学们的思想觉悟有了很大提高。在运动会结束的时候，同学们看到操场上有很多留下的垃圾，就主动要求留下来捡，全班同学都自觉地参加了这次活动，受到了大会的表扬。

三、细处关爱、亲近学生

爱，是教师职业道德的核心，一个班主任要做好本职工作，首先要做到爱学生。工作中，我努力做到于细微处见真情，真诚地关心孩子，热心地帮助孩子。我深信，爱是一种传递，当教师真诚地付出爱时，收获的必定是孩子更多的爱！我常想，一个班主任要带好这些孩子，首先要当个好妈妈，要像他们的妈妈一样

爱他们，和他们一起做游戏、谈心，这样，孩子们跟我亲热起来了。我还采用各种方法来激励孩子们的积极性，对于表现好的孩子，我会奖励他们小花、学习用品，口头表扬，有时会摸摸孩子们的头，或者给他一个拥抱等。虽然这些举动在成人眼里是那么的微不足道，可是在孩子的心中却产生了巨大的涟漪。经常有家长和我说，自己的孩子回家以后是那么激动、兴奋，还说下次还想得到这种奖励。

四、让每一位学生体验成功

班主任要创设条件，使每个学生都有体验成功的机会。不管学生是小还是大。身上有多少缺点毛病。要让学生体验成功，班主任就要发挥学生的强项。我们班有个女学生，她性格有些怪僻，对班里的事从来不闻不问，可在那次年级诵读比赛中，自己却走到我面前说想要参加。我知道这孩子朗读能力很强，很有语言功底，而且不胆怯，于是就让她和另一位男生搭档，做了主角，结果我们班在他俩的带领下，获得了古诗文诵读比赛的第一名。自此以后，这个同学其他方面也有了显著的进步。显而易见，成功的体验，能带动学生其他方面能力的发展，能提高学生整体素质。

五、换一种方法与家长联系

每一位家长都希望我们来关注自己的孩子，甚至希望我们老师把全部的精力都放在自己孩子的身上，而我们可能联系家长主要的原因就是孩子没按我们的要求去做事，这样家长一看到我们的信息或接到我们的电话就在那里发牢骚，甚至害怕接到我们的电话。一个是自己最疼爱的孩子，一个是管教孩子的老师，怎么办呢？只能是当着老师的面来批评孩子，背着老师的面来指责老师，这也值得我们思考，换一个角度想，这要是我们，我们会是什么反应呢？我的学生中有对双胞胎叫方玉良、方玉善，是两个非常调皮的男孩，写字特别潦草，作业经常不交，家庭作业更是变着法撒谎不做，课上听讲也总是走神，小动作也特别多。但有一次在期中考试前两天，我发现方玉善这天听得很认真，我就主动和他妈妈沟通，一句批评都没有，全是表扬，而且都是很诚恳的表扬，并恳请家长把我的表扬告诉孩子。家长很高兴，感谢老师对孩子的关注。孩子听后出乎意料的高兴，因为他没有想到，他今天的表现会得到老师这么大的表扬，在以后的两天里，他上课的时候都特别地认真，而且我对他的表扬使得哥哥方玉良也很羡慕，于是他也积极地表现。在后来的学习中，他们各方面有所提高，家庭作业完成也好了，一看就知道孩子努力了。因此，我觉得把表扬作为与家长联系和沟通的一种方式也很重要。

每个孩子的成长都有精彩的可能性，关键在于我们要在最合适的时候，用最恰当的方式，牵着他们的手。在给孩子们缔造成长的"精彩"中，我们也会把自己带进幸福的教育"天堂"。

（万婵娟）

如何担任一年级班主任

小学班主任特别是一年级的班主任，是一个复合型角色。当孩子们需要关心爱护时，班主任应该是一位慈母，给予他们细心的体贴和温暖；当孩子们有了缺点，班主任又该是一位严师，严肃地指出他的不足，并帮助他限期改正。我认为，班主任工作是一项既艰巨而又辛苦的工作。说其艰巨，是指学生的成长、发展以至能否成为合格人才，班主任起着关键性的作用，说其辛苦，是指每天除了对学生的学习负责以外，还要关心他们的身体、纪律、卫生、安全以及心理健康等情况。下面我就谈几点自己的做法和体会。

一、常规习惯，常抓不懈

学生良好的行为习惯的养成不是一节课、一两天说说就行的，它必须贯穿在整个管理过程中。由于低年级学生自觉性和自控力都比较差，避免不了会出现这样或那样的错误，因此，这就需要班主任做耐心细致的思想工作、不能操之过急。于是，我经常利用班会、晨会、课前、课下等一切可以利用的时间对学生中出现的问题晓之以理、动之以情、导之以行地及时教育，给他们讲明道理及危害性，从而使学生做到自觉遵守纪律。

二、细处关爱，亲近学生

爱，是教师职业道德的核心，一个班主任要做好本职工作，首先要做到爱学生。"感人心者，莫先乎情。"工作中，我努力做到于细微处见真情，真诚地关心孩子，热心地帮助孩子。我深信，爱是一种传递，当教师真诚的付出爱时，收获的必定是孩子更多的爱！感受孩子们的心灵之语，便是我最快乐的一件事！七八岁的孩子们整天在妈妈的怀里撒娇，都不讨厌妈妈，为什么？因为妈妈疼他们，爱他们。毫不吝惜地把一切献给他们，所以孩子们也深深地爱自己的妈妈。我常想，一个低年级的班主任要带好这些孩子，首先要当个好妈妈，要像他们的妈妈一样爱他们，要拿出自己的爱心去"哄"他们，"骗"他们。和他们一起做游戏，一起跳绳，我帮他们梳头、剪指甲、系鞋带等。这样，孩子们跟我亲热起来了。我还采用各种方法来激励孩子们的积极性，每天表现最好的小朋友我会奖励他们红果果，口头表扬，有时会摸摸孩子们的小脑袋等。虽然这些举动在成人眼里是那么的微不足道，可是在孩子的心中却产生了巨大的涟漪。经常有家长和我说，自己的孩子回家以后是那么激动、兴奋，说下次还想得到这种奖励。

三、具体要求，指导到位

心理学研究表明，儿童对事物的认知是整体性的，能熟知轮廓，但不注重细节。我从任一年级班主任开始，就常听一些家长说："我家的孩子听不懂大人说的话。"我在工作中也遇到了同样的问题，如果不考虑学生的认知能力，在教师没讲清或学生没听明白的情况下，就让学生去完成某项任务，学生们只能是瞪着眼睛看着你，不知道应该怎样做，或者其行为往往事与愿违。这样做的结果，不但使学生产生挫败感，而且不利于他们掌握做事情的技能。为此，我常常思考，怎样才能让学生听懂老师的要求并根据要求去出色地完成任务呢？

当好一名称职的老师无疑需要三心，即爱心、耐心、责任心，对于一年级的小朋友，这三心每个都要特别重视，对于孩子，要求不能太苛刻，只有你从心底里喜欢他们，他们才会接受你。还有就是对孩子要多些包容，他们是孩子，几乎什么都不懂，这就需要你手把手地教他们一切，学习、生活等等。

向着自己心中完美教师的形象而努力吧，相信一定能为孩子们编织一片自由翱翔的星空。

（王　迪）